RÉVOLUTION MONDIALE IMMÉDIATE
SOUS L'ÉCAILLE DU DRAGON : LE MEETING IDÉAL

Léon Voitur

RÉVOLUTION MONDIALE IMMÉDIATE
suivi de
SOUS L'ÉCAILLE DU DRAGON :
LE MEETING IDÉAL

(Paris-Die 1994-1996)

éditions
L'ESPACE D'UN INSTANT

© l'Espace d'un instant, 2002

ISBN 978-2-915037-32-6

PRÉFACE

Je me souviens de cette soirée de 1986 à Paris, et de notre rencontre, pur fruit du hasard, dans cette salle de montage, autour des images d'un concert de Complot Bronswick au Rex club. Les yeux rivés sur l'écran, à se demander quels mondes nous allions bien pouvoir ré-inventer avec cette matière, ces images d'un concert de rock. Notre rencontre se fait comme une évidence, avec juste les mots qu'il faut, et le sentiment étrange que nous nous connaissons déjà. Un peu comme des frères jumeaux qui ne se seraient pas revus depuis longtemps, mais que le partage de secrets communs lie à tout jamais. De confidences en confidences, de quelques propos autour de Vladimir Maïakovski, de Babylone ou de notre monde pourri, apparaît une chose : nous étions frères dans une autre vie, et comme on aimait à le dire très sincèrement à une certaine époque, frères de classe, frères de combat.

Nous avions vécu à travers notre idéal, le communisme, la foi en un monde meilleur, matérialisés par notre investissement humain au sein d'une organisation révolutionnaire : le PCMLF, Parti communiste marxiste léniniste français [1]. Pour nous, jeunes révoltés issu de milieux populaires, dans cette époque d'après 1968, il était évident de se lancer à corps perdu dans ce combat pour une société plus juste, qui serait l'émanation de la volonté de la classe ouvrière et des prolétaires : renverser la dictature de la bourgeoisie, et instaurer

---

1. Issu d'une fracture de quelques membres du PCF, il fut créé en décembre 1967 par une poignée de militants réunis autour de François Marty et Jacques Jurquet notamment.

la dictature du prolétariat. Tel était notre combat porté par le romantisme de notre jeunesse. Nous allions changer le monde !

Nous sommes aux côtés des ouvriers de chez LIP, du Joint Français, des Paysans du Larzac, Plogoff, contre le nucléaire... mais aussi aux côtés des peuples opprimés partout dans le monde : Palestiniens, Espagnols, Chiliens... Nous luttons contre l'impérialisme américain et soviétique, entretenons des relations d'amitié avec les peuples chinois, albanais, qui mènent leur marche vers ce monde meilleur dont nous rêvons nuit et jour. Nous avons soif de justice, et notre idéalisme est sincère, mais nos têtes et nos cœurs comprennent trop tard ce qui se passe dans ces contrées lointaines, dans lesquelles nous ne sommes jamais allés.

En 1979 vient l'heure de regarder en face une réalité. Au Cambodge nos « frères de combat » commettent les pires crimes contre l'humanité. Plus près de nous, dans notre propre organisation, des camarades abusent des petits pouvoirs qu'on a bien voulu leur donner... Pouvons-nous continuer à prendre pour exemple des représentants d'États qui, au nom du communisme, commettent les pires exactions contre leur peuple et qui, au nom de la dictature du prolétariat, oppriment ? Est-ce là notre projet, construire une dictature ? Nous n'avons sans doute pas voulu savoir ce que signifiait exactement ce mot. Le doute s'installe, la réflexion, le débat, et dissoudre notre organisation devient une évidence.

Mais la rupture n'est jamais facile, comme après toutes les histoires d'amour, il faut trouver la force de se reconstruire, de construire autre chose, de prendre le temps de réapprendre à marcher. Chacun d'entre nous, pour survivre à cet échec, doit exorciser ses démons. Mais comment survivre, sans notre idéal révolutionnaire et le parti qui nous rassemblait ? Nous étions comme une tribu, comme une famille... Chacun se retrouve seul face à lui-même, de n'avoir pas su ou pas pu vivre autrement qu'à travers la cause politique. Nous étions entrés en politique comme on entre dans les ordres, animés d'une foi inconditionnelle en des idées, en l'idéal communiste. Certains ont poursuivi leur lutte en rejoignant des partis dits démocratiques. D'autres ont choisi l'expression artistique, pour une vie bouillonnante de fragilité, de romantisme, de créativité.

Quelques années plus tard, en 1991, Dominique Dolmieu cherche une bande son pour sa prochaine création : *Le Meilleur des mondes*, d'après Aldous Huxley. Il vient à la rencontre de Complot Bronswick. Le projet se fera plus tard, mais Dominique rejoint le Complot le temps de quelques créations lumière, et le groupe composera la musique des *Taches sombres*, de Minush Jero, à l'Échangeur en 1998. C'est lors d'un concert du Complot, pour une soirée Rrose Selavy à l'Ubu club de Rennes en 1995, que se fait la rencontre avec Léon. Celui-ci, juché sur une chaise, mégaphone à la bouche, vient de tenter de lancer un appel à l'insurrection. C'est le début d'une nouvelle amitié, de soirées mémorables dans une mansarde parisienne à écouter les polyphonies des sœurs Elezaj, et de longs mois d'ateliers et de correspondances. À l'arrivée : *Sous l'Écaille du dragon*, ébauche d'une recherche théâtrale.

À travers cette fable fantaisiste et lyrique, enfant à la plume rebelle, Léon Voitur trace et dessine les contours scéniques de cette révolution mondiale immédiate. Un théâtre des opérations, un livre des utopies, un manifeste pour la grande marche vers la construction d'un monde meilleur. Imaginaire ? À travers un parcours ludique, entre sens littéral, symbolisme, réalisme et poésie jubilatoire, par-delà les mots, comme un écho, il nous propulse au creux d'une mémoire, d'un être amoureux de la vie, profondément désespéré et joyeux. Je suis heureux que ces écrits puissent enfin circuler plus librement : la révolution va peut-être ainsi s'opérer... Que la lecture de ces écrits et dessins vous aident à construire votre propre révolution intérieure. Il est toujours permis de rêver, à chacun d'imaginer la suite. Avec une certaine pointe d'humour, de dérision, de jeu.

Nikolaï Ada.

RÉVOLUTION MONDIALE IMMÉDIATE
(Paris 1994)

RÉVOLUTION MONDIALE IMMÉDIATE
COMITÉ CENTRAL AUTOPROCLAMÉ
TEXTES FONDATEURS

AVERTISSEMENT : Refusant la compromission avec l'informatique, l'édition première des textes fondateurs est une édition entièrement manuscrite. Cette nouvelle édition cédant aux principes de propreté et de confort de lecture perd en poésie et en charme artisanal ce qu'elle gagne en typographie et lecture normalisée.

À bientôt.

Léon Voitur.
Président du comité central
Secrétaire du bureau politique
etc. etc.

Chaque jour le comité central de Révolution Mondiale Immédiate déménage ses locaux par simple souci de sécurité.

COMMUNIQUÉ N° 1
MANIFESTE

Le NIHILISME est la reconnaissance philosophique du vide comme source de la vie éphémère et de ses différentes manifestations illusoires, et l'intuition de l'inéluctable retour vers ce vide.

Le passage est le signe lumineux de la transformation radicale des formes que prend l'énergie.

L'ordre né dans le chaos ne peut être qu'un état instantané, provisoire, hasardeux, aléatoire de la matière et de la pensée qui en découlent.

Ainsi le mouvement, la fulgurance sont des données permanentes fondamentales.

Des sciences, des mysticismes, des philosophies en étudient les détails et les modalités.

La sagesse n'est pas la recherche de l'immobilisme, du repos, de la stabilité, mais la conscience permanente du vide, du chaos et du positionnement conscient de l'individu dans cette turbulence.

Les phénomènes « positifs », « constructifs », « organisateurs », « projectifs », « utopistes », sont les marques polymorphes évidentes du refus du vide et du chaos.

Ils sont issus de la peur, de l'instinct de conservation de l'espèce et deviennent des systèmes oppressants, des replis sur soi, des fossilisations, des ordonnateurs de vérités, des défenses, des obstacles à la prise de conscience fondamentale.

De leurs agissements naissent toutes les perversions qui servent de bases philosophiques à la plupart des systèmes humains.

Il en découle sur le plan humain que le nihilisme se déclare pour le libre ravage du feu intérieur qui anime les individus.

Ses langues brûlent la raison, débordent en excréments poétiques, labourent le social de leurs déconstructions systématiques.

Sur le plan humain et moral, le nihilisme reconnaît comme comportement privilégié l'impeccabilité inverse de la compromission, de la facilité intellectuelle, du repos.

Sur le plan humain et politique, le nihilisme combat le pouvoir sous toutes ses formes évidentes et inavouées, et l'ordre quel qu'il soit, quel que soit le lieu dont il émane.

Pour lui la liberté absolue n'existe pas et ne serait qu'une étape, une bataille tactique à remporter, prémices d'autres égarements plus violents et plus créatifs de l'esprit.

Le nihilisme honnit le pragmatisme et tout système d'action ou de réflexion qui se base sur la réalité, l'analyse objective pour justifier son allégeance à l'ordre du moment présent ou à celui à venir.

Le nihilisme chevauche les émeutes, les révolutions, toutes les formes de désordres sociaux pour y jeter son doute essentiel.

Dans la galerie nihiliste, l'image du lanceur de bombes hante, révèle par le sang, les chairs et la merde éclatées, les délires nocturnes, magnétise et déprime les raisonnements tendus à se rompre.

Devant l'abjection sociale, la censure et l'automutilation de la pensée, reste une ultime évasion, moins énergique, moins combattante : le suicide.

Sur le plan artistique le nihilisme combat farouchement toute institutionnalisation des hommes, toute forme d'école, toute virtuosité, toute notion d'esthétique et de goût, de respect d'une certaine idée de la beauté et du génie, amalgame forcément réducteur, élitiste, et porteur de totalitarisme.

L'intérêt qu'il pense découvrir dans l'activité humaine déclarée créatrice ou non, ce sont les brèches ouvertes, les exaspérations, les retournements, l'inattendu, la surprise, l'autodérision, la provocation, la décadence, la sublimation des forces les plus subjectives et iconoclastes, les dérives « criminelles », « psychotiques », « hallucinées » de l'être.

Le nihilisme est la négation, non pas de toutes formes de vie et de structures, respectant la vie végétale, animale, ainsi que l'organisation physique de la matière, comme principe immanent, il est la négation virulente de l'organisation, et de la pensée humaine basée sur son anthropocentrisme, sa suffisance, sa pseudo-recherche de la vérité, son sens de l'histoire de l'évolution, son appréhension globale de la vie, son mensonge fondamental.

Le nihilisme ne génère ni dogme ni vérité, il est une épine plantée au cœur des certitudes les plus éprouvées et des incertitudes les plus « originales ».

Le nihilisme est une flamme vacillante et fragile issue du cosmos, égarée en lui et susceptible de s'autodétruire au moindre souffle.

Ce manifeste à détourner, à piller, à rejeter, à vomir, ouvre sous ses propres pas un gouffre aspirant.

Ne concernant qu'un être unique, il ne contient, ne détient aucune vérité universelle, ni à croire ni à vérifier.

Il est une faille dans la forteresse et l'illusion échafaudées par nos esprits déficients, la clef d'un placard sans issue, un voile diaphane ultraléger et transparent laissé par le dernier fantôme de passage.

COMMUNIQUÉ N° 2

Le vaisseau amiral de Révolution Mondiale Immédiate inflige de lourdes pertes dans les rangs des défenseurs du capital.

La révolution sera imminente quand tu rejoindras son combat.

COMMUNIQUÉ N° 3

Réfugié dans l'utopie, l'espérant dégage le cauchemar des rebonds du conscient.

COMMUNIQUÉ N° 4
UNE BELLE FIN DE MANIF... : L'ÉMEUTE !

Encore une fois les slogans anticapitalistes les plus radicaux vont être scandés dans la rue, et pourtant la manifestation va passer calmement devant les symboles du capitalisme : banques, hypermarchés, commerces de luxe, commissariats, etc.

Encore une fois les « révolutionnaires » de cinq à sept vont être fatigués par les kilomètres que les organisateurs leur auront fait avaler. Ils n'auront plus qu'une hâte : rentrer au chaud chez eux voir si la manif passe au journal télévisé, et espéreront lire le lendemain dans la presse que quelques radicaux ont bravé les CRS une partie de la soirée.

Ils auront l'impression par procuration d'avoir participé à la lutte, et auront soulagé leur conscience politique.

Si paraît-il « la meilleure façon de lutter, c'est de prendre des pavés et de les balancer », pourquoi disparaître sans accorder ses actes à sa parole ?

Si paraît-il on ne reconnaît « ni Dieu, ni Maître », pourquoi obéir aux ordres de dispersion ?

Dans notre pays, si le mythe du révolutionnaire a encore un sens intellectuellement, la réalité du confort et la peur d'un vrai engagement semblent plus tenace.

Aujourd'hui les pseudo-organisations dites révolutionnaires ou d'une quelconque radicalité affichée se comportent comme le PC ou la CGT d'hier : elles servent à canaliser la révolte, à dégoûter de la lutte, à user les esprits.

Alors, camarade, si tu ne veux pas rester en rade à rêver de la commune, d'octobre 17, de la république espagnole, des brigades internationales, de Lénine, de Makhno, de Mao, du Che, des zapatistes... de tous les émeutiers, des révoltés de la planète et de l'histoire... histoire de voir, reste pour l'émeute, la subversion, la fête des révoltés...

QUELQUES RECOMMANDATIONS ORDINAIRES

– Porte un faux nez, un foulard, un bec d'oiseau.

– Méfie-toi des caméras de surveillance, des carrefours, des banques, des immeubles, des photographes, des vidéastes de tout poil.

– Dépiste, expulse les flics en civils qui repèrent les manifestants actifs pour pouvoir les arrêter en fin de manif dans la confusion des charges lors des dislocations foireuses.

– Reste en groupe affinitaire avec des amis, des gens que tu connais pour ne pas être « infiltré ».

– Les flics entourent le quartier et circulent très rapidement autour des lieux d'accrochages et plus tu restes, plus la nasse se resserre, si seule une minorité reste active pendant que la majorité des manifestants repartent. Savoir décrocher à temps, mettre des camarades en surveillance sur les pourtours pour contrôler les mouvements des flics, l'idéal : posséder un scanner.

– Prévoir toujours avec les autres groupes combattants des rendez-vous secondaires pour qu'en cas de dispersion ou d'impossibilité de continuer la lutte sur place on puisse se retrouver dans un autre lieu du même quartier ou carrément ailleurs pour surprendre et continuer le combat. Bien choisir ses cibles.

– Médite ces principes de la guerre populaire : savoir frapper l'ennemi quand il est faible (sur son arrière, sur ses flancs, sur ses éléments isolés, quand il ne s'y attend pas, par surprise, etc.), savoir se retirer et éviter le combat quand il est trop fort.

– Être mobile, rapide, si possible discret dans ses préparatifs, garder l'initiative, ne pas stagner là ou l'on voudrait te faire rester pour te prendre. Éviter de rester à contempler ses succès ou le résultat de certains exploits. Savoir que la mobilité, la rapidité et demeurer imprévisible constituent les garants du succès d'une action.

COMMUNIQUÉ N° 5
NIDS D'OISEAUX

En 1994 le comité central de Révolution Mondiale Immédiate lance le concept d'un habitat nouveau alternatif, adapté aux besoins urgent de logements des SDF mais plus largement à tous ceux qui refusent le principe du loyer, qui engraisse les propriétaires sur le dos des pauvres, et l'accès à la propriété avec l'inévitable endettement.

Qui souhaitent une alternative – psychologique, économique, écologique, politique – aux concepts traditionnels de l'habitat, l'autonomie des individus et plus encore.

Il s'agit d'une coque en forme de nid d'oiseaux à installer dans les arbres, doublée de duvet recouverte d'une demi-coque de plexis pour admirer les étoiles la nuit et d'une partie en toile de tente, le tout pivotable soit pour bénéficier du soleil en hiver soit pour s'en protéger en été.

Cet habitat s'accroche facilement dans les arbres des parcs des grandes villes, dans les campagnes, dans les forêts. Une échelle de corde permet l'accès aux nids.

La proximité des oiseaux, la hauteur, le balancement des branches, la vue sur les étoiles, la vie communautaire ou l'isolement au choix.

La Révolution Mondiale sera esthétique, philosophique, émotionelle, économique, politique, écologique, troglodytique, nidifique… et plus encore !

Dans les parcs des villes, les avenues, les squatters des arbres fomentent des utopies nouvelles. La réduction radicale des habitudes de consommation entraîne la vieille économie dans une spirale irréversible.

Des bandes déferlantes réinvestissent l'espace, et les parcours codifiés imposés par les obligations de travail, de loisir et de consommation sont abandonnés à d'ultimes fonctionnaires attaqués par le doute.

Les riches vivent dans leur richesse une fin de civilisation qui les emporte. Plus personne n'attachant de valeur aux objets et aux signes qui autrefois attisaient l'envie, la notion de pauvreté étant engloutie, avec elle se disperse la notion de richesse qui n'existait que par ce contraste entre les deux pôles de la possession.

Le combat pour des formes nouvelles d'habitat, pas de stockage dans des tiroirs HLM de pauvres ou immeubles de rues, fait partie d'une réinsertion de l'homme dans la nature, de rapports nouveaux avec ses congénères et affirme une volonté de rupture radicale.

À VOS CRAYONS POUR UN IMAGINAIRE
ARCHITECTURAL RÉAPPROPRIÉ !

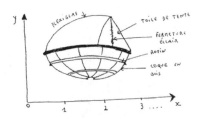

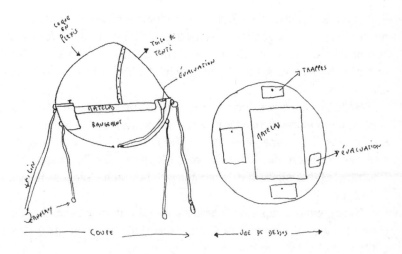

COMMUNIQUÉ N° 6

Révolution Mondiale Immédiate réunit tous les individus qui pensent qu'il est urgentissime de basculer dans le néant tous les systèmes d'oppression qui se manifestent dans le monde et plus particulièrement le système capitaliste déguisé sous des formes différentes.

Si les utopies révolutionnaires en ont pris un coup avec les échecs, les détournements, les pourrissements des pseudo-révolutions historiques, il est cependant encore possible de rêver à des sociétés sans exploitation de l'homme par l'homme, des animaux par l'homme, et de l'ensemble de la nature par l'homme (encore lui, ça fait beaucoup !)

Si le capitalisme s'est internationalisé à outrance et semble un ennemi particulièrement puissant, celui-ci se débat dans les contradictions qu'il produit.

Après avoir littéralement saigné, affamé et paupérisé les peuples de la planète, il finit dans sa logique de recherche absolue du profit par tiers-mondiser les peuples d'Occident dont il est issu et à qui il avait jusqu'à présent laissé l'habitude de partager quelques miettes de son festin. Les pauvres s'appauvrissent, les riches s'enrichissent et les classes moyennes basculent par pans entiers dans la précarité au moindre accident de parcours.

Habile politiquement et vainqueur provisoirement d'une victoire idéologique contre l'espérance révolutionnaire, le capitalisme sait régner et diviser les esprits.

Il a su diviser les syndicats, les mouvements révolutionnaires en autant de chapelles prêchant leur sacro-sainte vérité et pratiquant plus le déchirement, l'autoconservation, la promotion et finalement l'insertion sociale, que le combat révolutionnaire.

Pendant que tout ce monde s'agite en pensée, s'épuise en réunions, se traîne en manifestations, l'individualisme se renforce avec son cortège de dépression, de vulnérabilité.

La situation que nous vivons qui embrasse l'éventail allant de l'économie à la psychologie en passant par l'affectif, l'artistique, le philosophique… est le pur produit du système.

Une fois désigné l'ennemi, reconnu ses forces, décelé ses faiblesses, l'urgence réside dans l'organisation des volontés révolutionnaires, pour appuyer là où ses dysfonctionnements se manifestent, entamer ses chairs, crever son abdomen.

Les luttes parcellaires, sectorielles, l'agitation atomisée ont montré leurs limites.

Il est temps d'attaquer sur tous les fronts, d'organiser les solidarités des luttes, de coordonner les actions.

Partout l'ennemi se révèle être le même

En son pouvoir extrême réside sa faiblesse

Les empires les plus puissants ont fini par sombrer

Les colosses les plus féroces ont fini par être brisés

Un grain de sable peut stopper un engrenage gigantesque

Une étincelle peut mettre le feu à la plaine

Le battement d'ailes d'un papillon peut déclencher un cyclone.

COMMUNIQUÉ N° 7
APPEL AUX RÉACTIONNAIRES

Ce qui coulait de source devint obscurci par le temps et les pratiques douteuses, d'une grande complexité. Les experts dépêchés auscultèrent soigneusement la situation et rendirent leur conclusion : « La complexité augmenterait encore et seuls de nouveaux experts encore mieux formés seraient à même de pouvoir analyser le système », mais d'emprise sur lui, de possibilités d'agir d'une manière quelconque sur lui, plus personne n'oserait en formuler l'idée.

Les capitalistes ont encore les pieds sur terre mais rêvent entre eux de pouvoir s'échapper un jour proche, vers la Lune, Mars, ou ailleurs afin d'éviter d'être pris dans le désastre qu'ils ont finalement organisé.

Malheureusement pour eux les crédits attribués à la « conquête » de l'espace sont en diminution. D'autre part les abris antiatomiques dont plus personne n'entend parler mais qu'on continue de construire deviennent caduques en cas de conflit nucléaire généralisé.

Taupes piégées ou extraterrestre de fortune, l'alternative n'est guère viable.

Bientôt ils réclameront une bonne révolution pour casser la logique du système d'autodestruction qu'ils ont mis en place.

Alors, réactionnaires de tous les pays, laissez tomber vos Maîtres, n'obéissez plus aux ordres et ne combattez plus les révolutions qui s'organisent dans le monde. Vos Maîtres eux-mêmes en souhaitent secrètement la victoire dans leur dernier sursaut d'autoconservation.

En cas de retournement, d'incertitude, de besoin de réflexion, Révolution Mondiale Immédiate vous délivrera un certificat qui vous laissera la vie sauve contre votre neutralité effective lors des affrontements finaux contre le capital.

COMMUNIQUÉ Nº 8

En marche forcée vers sa ruine, le capitalisme atteint son rythme de croisière.

COMMUNIQUÉ N° 9

Dans l'attente de jours meilleurs, fêtons dignement ce 1ᵉʳ avril de lutte des classes.

Remplaçons les pistolets à eau des manifs bon enfant par des pistolets à balles dures.

Attaquons tous les élysées de la planète à coups de pioche, de bec et d'ongles.

Désobéissons et jetons nos merdes par les fenêtres.

Ouvrons tous les robinets de Paris d'eau, de gaz, de pétrole.

Libérons les chats, les chiens, les canaris.

Avançons masqués de faux nez, de cagoules, de becs d'oiseaux.

Empruntons les sens interdits. Fumons dans les métros, marchons sur les pelouses.

Portons sur nos épaules nos voisins de palier.

Téléphonons aux flics pour la moindre contrariété.

Dépavons les rues pour retrouver la terre.

Enfonçons dans nos rêves des coins merveilleux d'acier et de tourmente. L'alliage ainsi refroidi agrandira l'arc de notre horizon vers un ciel plus sensible où les blagues inciteront au respect de la vie. L'homme ridicule mesure dans le cosmos sa véritable grandeur.

COMMUNIQUÉ N° 10
ET PLUS ENCORE

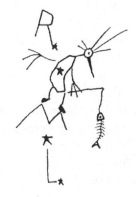

Révolution Mondiale Immédiate est le regroupement d'individus qui ont fait l'analyse simple et pourtant pertinente qu'il est urgent d'arrêter la machine folle du capitalisme et du productivisme emballée et courant à la destruction de la planète.

Les pratiques et les formes militantes utilisées jusqu'à maintenant se sont révélées ou dangereuses ou inefficaces, et poursuivre dans le même chemin qui va de réformes en élections en passant par quelques pratiques individuelles lavant plus blanc la conscience sont soit suicidaires, soit le dernier masque utilisé pour cacher un esprit profondément contre-révolutionnaire.

Révolution Mondiale Immédiate contribue par son action et pousse à l'organisation des révolutionnaires conséquents dans le but de détruire le capitalisme et toutes ses formes d'exploitation et d'oppression aussi bien économiques que mentales.

Depuis des siècles nous ne savons plus vivre qu'à travers des rapports marchands, où l'homme, les animaux, la nature ne sont plus considérés que pour leur valeur marchande immédiate. Nous avons tout à réinventer, de l'habillement à l'habitat, à la vie sociale, aux productions de biens nécessaires, ménagers, culturels, artistiques, etc.

Révolution Mondiale Immédiate ne distille aucun dogme, n'est ni le centre ni l'avant-garde éclairée de la révolution.

Révolution Mondiale Immédiate prétend seulement être un des éléments constitutifs et actifs du courant révolutionnaire mondial qui ne peut que parcourir la planète si l'espèce humaine prend conscience qu'elle doit devenir enfin « le maître intelligent de son destin ».

Révolution Mondiale Immédiate intervient sur le plan politique, poétique, philosophique et mental et affirme que la révolution est l'affaire de tous sans exception.

Ceux qui par paresse ou négligence seraient tentés de la laisser aux mains de soi-disant spécialistes abdiquent déjà de leurs responsabilités, et acceptent de fait la soumission à un futur état d'esclavage.

La seule perspective qu'offre le capitalisme, c'est la mort lente par le travail, la famille, le décervelage par overdose de médiatisation imbécile, la dégénérescence par pollutions variées et multiples, les tueries, les guerres.

À vous de choisir entre ça, ou de vous offrir le frisson de la vraie vie.

Crée, rejoins, organise des groupes Révolution Mondiale Immédiate ou autres, et plus encore !

COMMUNIQUÉ N° 11

La force du capitalisme réside dans notre soumission.

Les empires les plus puissants ont fini dans la ruine et la décadence.

Les colosses les plus féroces ont fini par être brisés.

Un grain de sable peut stopper un engrenage gigantesque.

Une étincelle peut mettre le feu à la plaine.

Le battement d'ailes d'un papillon peut déclencher un cyclone.

COMMUNIQUÉ N° 12
PROJET DE MONUMENT
À LA GLOIRE D'ACTION DIRECTE

COMMUNIQUÉ N° 13
PROPOSITION D'HABITATION

COMMUNIQUÉ N° 14
VIVE LE MOUVEMENT D'OCCUPATION DES USINES !

COMMUNIQUÉ N° 15
RÉHABILITATION DE LA TRACTION ANIMALE

Nous rêvons de l'extraction de la dernière goutte de pétrole de la terre, de la panne sèche des dernières voitures, des silences, de l'arrêt du vacarme, des odeurs retrouvées.

Les grandes surfaces ferment par manque d'approvisionnement, les parkings sont arrachés, et l'on jardine au milieu des carcasses transformées en poulaillers.

Dans Paris calmé on entend au loin le trot mesuré d'un cheval et les grincements de son attelage.

On ramasse les crottins, une douce odeur de cheval se répand dans la ville.

Quelques hennissements, des bruits de seaux et grains qu'on mélange ; les chiens redeviennent heureux.

Les poulains vont bientôt naître.

Les hommes se redressent, les chevaux des postiers sont impeccables.

Des relais, des tavernes rouvrent où l'on n'est plus là par désespoir pour picoler mais en voyage, en livraison avec le temps compté différemment. Les livraisons de foin sont l'occasion de fêtes. Les maréchaux-ferrants forgent dans les rues. Le regard des chevaux nous calme, on peut enfin caresser leurs naseaux, sentir leur chaleur, leur parler doucement.

Paris est redevenu une ville supportable.

TEXTE DE DÉSORIENTATION

Hagarde dans son principe, Révolution Mondiale Immédiate retrousse ses manches percées de flèches pour redéfinir un monde fait d'amples certitudes.

Confrontée à son désir, Révolution Mondiale Immédiate manifeste sa désapprobation. Dans l'air du temps les germes se précipitent dans son tourbillon où, dénuée de tout, gardant sa seule conscience pour bagage et giclant sur les murs des liquides nauséeux, Révolution Mondiale Immédiate perdure et bouleverse la pensée convenue.

Sentant que la dignité se solde à bon compte et redoutant ces absences de fierté, la dimension de l'être se mesure réellement dans le chaos une fois dépéri l'ordre caché, maintien du squelette moral. Sans cesse se délite la fragile construction des formes, se disperse l'avenir et resurgissent du passé les peurs évidentes d'un trouble profond, d'un désaccord total avec la nature. Le malentendu se réglera dans le sang sans escompter pour autant un renouveau d'intelligence.

Être impeccable signifie l'autonomie de l'être et sa liberté sacrificielle taboue. Retrouver le sens nécessite un travail de pensée fabuleux porteur autant de richesse que de désespoir.

Dans l'oscillation profonde de l'être, sauter au bon moment hors du monde est un exercice périlleux et unique.

COMMUNIQUÉ N° 16
APPEL AU SILENCE DÉFINITIF

Dans l'absurdité confirmée de l'existence, Révolution Mondiale Immédiate ne prétend à aucun signe extérieur de sérieux politique assassin d'imaginaire et de spontanéité expressive. Révolution Mondiale Immédiate se définit par la négation et sinue fragilement entre les écueils les plus cruels, les édifices les plus indestructibles du comportement humain et de ses élucubrations sociales.

Amusée par son aspect dérisoire et ses formes éphémères, Révolution Mondiale Immédiate dans le laboratoire terrestre ne présente que l'image d'un filament à demi éteint, éternellement tremblant, des doutes et des interrogations soufflant leurs vents désordonnés et contraires.

Énergie en sommeil dans le vide quantique, Révolution Mondiale Immédiate, dans son apparition rapide et vulnérable, peut être saisie à temps pour former ce grain de matière à l'asymétrie trop forte, d'où peuvent naître des univers à multiples dimensions, des illusions sans lendemain, simples fissures dans le raisonnement du monde, ou retourner à jamais dans son néant originel.

L'espoir ne peut se fonder sur les bases viciées du comportement humain. Ni les pseudo-révolutions intérieures, ni les pseudo-révolutions sociales ne peuvent être considérées comme étant le ferment de quelques changements radicaux. La vérité, la raison, l'accord avec soi-même ne sont que balivernes déversées à grande eau idéologique sur des esprits en mal d'éclaircissements intellectuels faciles.

La condition humaine se révèle plus cruelle, très nettement moins énigmatique qu'on voudrait nous faire croire. L'absence de prédateur de l'homme, la prolifération cancéreuse de sa pensée restreinte et obsessionnelle le place dans une angoisse de mort sans fixation réelle et génère des soubresauts terrifiants de cruauté et d'entre-tueries sans fin.

Lassés de ses recommencements, quelques individus cherchent sans grande conviction l'issue, et brisent leurs embryons d'ailes contre les parois trop claires de la réalité.

Révolution Mondiale Immédiate, dans ses accès de lucidité, au bord de fièvres terrassantes, avoue sa dualité ordinaire d'extrême évanescence et de possible force ravageuse, augure des prémices dont les vérifications, les dérives incessantes, les ramifications exagérées s'expliqueront dans les siècles à venir.

Comme la patience, l'orgueil entrave cette projection et travaille non pour l'histoire mais pour un futur hypothétique, réduit à sa conscience atomistique, l'homme que l'ère nouvelle brasse en multitude, pèse en milliards de tonnes, s'insupporte de son impuissance individuelle.

La révolution sera nihiliste, inconséquente, sans lendemain et se détruira elle-même.

Poussé à fond dans sa déchéance ultime, seul l'acte volontaire tiré de sa conscience lui donnera l'aspect du neuf.

Ni salut, ni avenir radieux, ni régénérescence, laissons en l'état la terre détruite. Prolifères de tous les pays, unissez-vous dans l'effort insoutenable des dérives mortelles, avancez dans la tourmente soulevée de vos acceptations, rampez dans vos ordures et détritus de conscience, fuyez ce qui vous ressemble, enfoncez-vous dans la solitude, coagulez vos neurones, l'espèce ignorera votre fuite et vous sauverez ce que vous pourrez de vous-même.

COMMUNIQUÉ N° 17
PROJET DE MONUMENT

COMMUNIQUÉ N° 18
PROJETS DE MONUMENTS

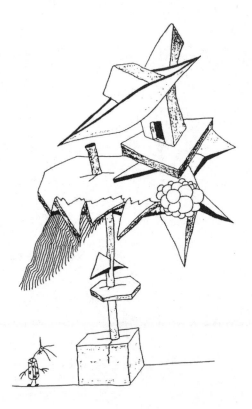

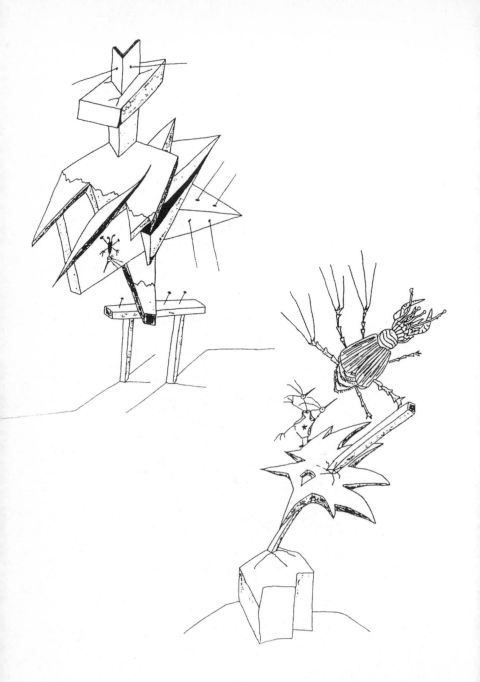

COMMUNIQUÉ N° 19
ESPRIT DE CLASSE

À son réveil, l'urbain se jette sur sa radio pour écouter les nouvelles, des fois que la révolution aurait éclaté dans la nuit et que personne de son entourage n'ait eu l'idée de le prévenir.

Hélas ! ce n'est pas encore pour aujourd'hui et pour lui une journée ordinaire de plus s'annonce, avec ses rituels bien établis : métro ou voiture, boulot, cantine ou bistrot, morne non-vie au service du capital pour quelques milliers de francs, ou autre chose :

le chemin de l'ANPE, l'errance dans les rues et le regard sur les autres : logés, nourris, distraits.

À force de regarder par-dessus son épaule pour voir par-derrière si ça ne recommencerait pas à bouger au fin fond de la classe, l'homme occidentalisé dans son esprit de collégien attardé attend, attend, et attend encore.

À part s'il pète les plombs, il ne lui viendrait pas à l'idée d'arrêter tout : de consommer bêtement n'importe quelle merde qu'on lui fourgue sous le nez dans les boutiques, sur les catalogues, d'ingurgiter n'importe quelle connerie qu'on lui balance à la télé ou ailleurs.

L'homme occidentalisé se meurt de reproduire le système, se meurt dans ses ambitions insignifiantes, se meurt dans ses singeries grotesques. Il creuse lui-même sa tombe faite d'overdose de travail, de maladies somatiques, de dégénérescences mentales, d'envies exhibées ou refoulées.

Tant que ses modèles seront BMW, Roche-Bobois, Leroy Merlin, Platini, Tapie, BHL, Deneuve ou d'autres de la galerie des amuseurs d'État, rien ne sera possible et tout sera à craindre.

Tant qu'il refusera d'étendre son regard sur les causes des crises de la planète et se bornera à accepter (voire même en râlant) les discours officiels, les explications pseudo-scientifiques, alors nous pourrons souhaiter que ce sous-homme périclite et crève entraînant sa descendance avec lui.

L'esprit et la vie sont ailleurs, on ne sait d'ailleurs pas trop où.

Il est temps de baisser les bras, de laisser l'ennui nous envahir, de cesser de faire les enjoués, de partir à l'abandon, de déprimer les plus certains, d'inoculer le doute dans la raison, de mettre en faillite l'économie, d'ignorer l'État, de ne plus jouer le jeu, de boycotter l'avenir en sabotant le présent.

COMMUNIQUÉ N° 20
ENCORE DES PROJETS DE MONUMENTS !
ET TOUJOURS RIEN À L'HORIZON !

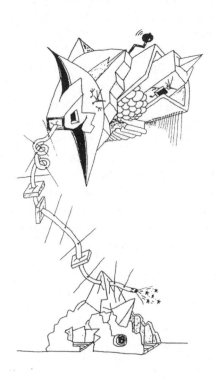

COMMUNIQUÉ N° 21
DANS LE DÉSORDRE
LE RÈGNE CONSTANT DES FRIPOUILLES
DÉSORGANISE NOS ILLUSIONS

L'homme dépouillé regarde son passé fait de philosophie, de renaissance, de mythes révolutionnaires, d'idéal social. Il a cru que la cruauté sursautait dans sa forme ultime avec l'idéologie nazi et ses applications.

En parcourant l'époque moderne de son regard il ne découvre que boucheries justifiées à la hâte d'un frêle vernis conceptuel mais en fait dénuées de tout fondement, purs massacres gratuits réinventant sans cesse l'horreur.

L'homme n'a plus besoin d'alibis, ou d'un sens quelconque pour agir ainsi.

Bourreau l'après-midi, père de famille le soir, les deux pôles de son être excité par la vacuité ambiante ouvrent leur abîme sous les effondrements de la raison.

Enfin seul, confronté à la multitude, enfin ignoré, méprisé, bafoué, il retrouve ses racines dans la tuerie.

Cet instinct perverti rappelle que la construction d'une société sans cesse policée n'est qu'édifice artificiel basé sur l'exploitation et le mensonge.

L'entropie gagne sur l'« ordre », et la végétation repousse d'entre les ruines.

Arraché à la nature, il se venge dans l'ignominie des conditions qui lui sont imposées. Dernier soubresaut avant sa soumission totale ou simples prémices de l'ordre banal à venir.

Le rêve fait partie d'un passé révolu, le nez au ras de sa condition sans issue, sans avenir, il se vautre dans la tristesse de l'être qui voit s'échapper de lui-même, à grands flots, les petites parcelles d'espérance qui le maintenaient en vie. Il attend, et l'attente peut générer les pires dérives.

Révolution Mondiale Immédiate dans ce gâchis exprime sa profonde inquiétude.

Ni la bonne conscience individuelle, ni la bonne conscience collective n'ont pu jusqu'à présent arrêter un quelconque massacre.

L'ordre de l'autodestruction règne à l'échelle planétaire.

À nous de nous y plier, camarades, avec bonne ou mauvaise conscience, ou alors redresse vite ton échine ployée sous les coups programmés du sort.

Fomente dans les salons enfumés les actes qui demain se révéleront être les germes du grand bouleversement des esprits, des vies, des mots.

Chausse tes bottes d'oiseaux et avance.

Même dans l'obscurité, même aux franges du néant ton avancée, même minime, vaudra mille fois mieux que ce qu'on te propose.

Dévie des chemins calcinés par le conformisme des idées, travaille pour la révolution avec tes mots, tes désirs, ton savoir, ton urgence.

Méfie-toi des contrefaçons.

Révolution Mondiale Immédiate maintient dans la nuit fraîche son haleine chaude d'oiseau affectueux prêt à consoler des chagrins idéologiques l'être sincère et méritant.

COMMUNIQUÉ N° 22
VOS PAPIERS S'IL VOUS PLAÎT

Contrairement à une idée reçue trop largement répandue, le « travail révolutionnaire » nécessite une certaine quiétude dans sa phase de préparation.

Être tarabusté par les contrôleurs, le fisc, les concierges, les flics, etc. n'est pas bon pour la réflexion, aigrit le caractère, empêche toute bonne concentration et donc contribue à nuire à l'image de marque révolutionnaire et affaiblit son efficacité.

Aussi le comité central de Révolution Mondiale Immédiate a décidé d'éditer une série de bons de recommandations, ou de vrais papiers destinés à soulager ses militants provisoires des tracasseries administratives diverses.

Seul le coup de tampon officiel de Révolution Mondiale Immédiate ainsi que les fameux oiseaux « faits mains » permettront d'authentifier l'origine des documents ci-joints.

Il est recommandé de les découper et de les insérer dans un porte-cartes.

La facilité de contrefaçon de ces papiers rend inutile leur personnalisation ou numérotation quelconque.

Laissons aux États, aux gouvernements, aux gogos leur parano sur l'identification, le vol d'identité, les faussaires, etc.

C'est bien par amusement et dérision que Révolution Mondiale Immédiate se donne des coups de tampons.

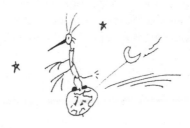

ORDRE DE RÉQUISITION OFFICIEL ET GÉNÉRAL

Délivré par le comité central autoproclamé de RMI.

À tout moment nos militants en mission peuvent avoir besoin d'un véhicule, d'un logement, d'un objet contendant quelconque, de soins, de nourriture. Sur présentation de ce document officiel il sera demandé aux personnes sollicitées de bien vouloir se soumettre de bonne grâce aux besoins immédiats de nos militants. En contrepartie tout abus possible de leur part devra, s'il se produit, être signalé à notre comité central qui statuera sur une sanction possible.

La victoire de la révolution sera le plus grand merci à ceux qui l'auront aidée.

Pour le comité central
Le secrétaire.

PERMIS DE CONDUIRE INTERNATIONAL

Délivré par le comité central autoproclamé de RMI.

Le présent document permet à nos militants de pouvoir conduire n'importe quel type de véhicule terrestre, aérien ou maritime, et ce dans n'importe quel pays. Il remplace de manière officielle les différents papiers administratifs en cours. Le meilleur accueil doit être réservé au porteur de ce papier. Pour toute justification contacter notre comité central. Merci.

Pour le comité central
Le secrétaire.

BILLET DE TRANSPORT COMBINÉ :
TRAIN, BUS, MÉTRO, CAR, AVION, BATEAU

Délivré par le comité central autoproclamé de RMI.

Pour leur travail révolutionnaire quotidien, nos militants ont un besoin vital de pouvoir se déplacer le plus facilement possible et sans débourser d'argent. Aussi le comité central de Révolution Mondiale Immédiate a décidé d'éditer ce titre de transport combiné valable sur tout le territoire pour tout moyen de transport en commun à ce jour !

Merci aux contrôleurs de leur compréhension.

Pour le comité central
Le secrétaire.

PASSEPORT INTERNATIONAL OFFICIEL

Délivré par le comité central autoproclamé de RMI.

Le travail de nos militants nécessite de nombreux voyages afin de coordonner les forces révolutionnaires au niveau planétaire, de recueillir des fonds, de faire parvenir la propagande, de stocker des armes. Pour éviter les tracasseries des visas, le comité central de Révolution Mondiale Immédiate a décidé d'éditer ce titre officiel valable pour tous les pays de la planète, et plus encore !

Pour le comité central
Le secrétaire.

COMMUNIQUÉ N° 23
LES RATS QUITTENT LE NAVIRE
LES OISEAUX SE SONT DÉJÀ ENVOLÉS !

Fuir est devenu l'ultime réflexe des individus et des peuples confrontés à l'impasse dans laquelle des société bloquées les poussent.

L'être y perd le peu de sens social qu'il était censé avoir acquis durant les millénaires de socialisation forcée, pour retrouver l'instinct grégaire du troupeau.

Fuir est devenu le désaveu le plus tranchant, la dissociation la plus signifiante d'avec les États, les gouvernements, les politiques imposées... Vietnam, pays de l'Est, Albanie, Rwanda, Cuba, Bosnie...

La fuite devant les massacres, la bureaucratisation, l'ennui ont toujours existé mais, fait nouveau, on fuit maintenant des sociétés sclérosées vers un paradis illusoire fait de richesses et de consommation.

L'ailleurs mythique façonné par l'Hollywood des séries US montre son vrai visage de camps pour réfugiés indésirables, de loi du fric, et misère.

Fuir est devenu une arme politique exploitée, récupérée, utilisée maintenant que la planète sans plus d'espace tourne en vase clos sur son modèle devenu unique et finissant de se mondialiser : le capitalisme planétaire.

Fuir le capitalisme reste un rêve, laisser en plan les gouvernants, les banquiers et leur appareil répressif, les laisser sans l'objet de leurs manipulations, de leur richesse.

Enlever les pauvres aux riches, l'exploité à l'exploiteur, la victime au bourreau.

Face à l'absence, le monde s'écroule dans le fatras de ses représentations.

On voit la faiblesse des systèmes qui se maintiennent par l'assentiment.

L'ère des exodes clos s'ouvre, la tournée des univers concentrationnaires commence, dernier stade avant le suicide collectif comme forme ultime et irrécupérable de la contestation.

Ils ont rétréci la planète, ne laissant plus aucune terre sauvage, supprimant l'innocence.

Camp, poubelle, zone industrielle, terrain de jeu pour fils de riches, la terre est devenue ce lieu à fuir d'urgence. Mais voilà, ce sont eux qui cherchent à échapper au désastre qu'ils ont commis.

Alors réflexe du rat pris au piège : prostration ou agression ?

Dans sa lucidité de comptoir de bistrot, Révolution Mondiale Immédiate appelle à l'organisation de bouffées agressives, à la canalisation des désespoirs, au déferlement massif sur les lieux symboliques des pouvoirs.

Plus de coexistence pacifique avec les bourreaux !

Révolution Mondiale Immédiate est urgentissime !

COMMUNIQUÉ N° 24
SUR LE DÉSABUSEMENT
ET LE DÉSAMUSEMENT DU PEUPLE

(L'abus de preuves démonte la raison du peuple et perturbe
le rythme cardiaque de l'exigence !)

Révolution Mondiale Immédiate ne voudra pas insister lourdement sur la tendance à l'acceptation que développe l'espèce humaine dès lors qu'un peu de pain nourrit son ventre, qu'un peu de poudre aux yeux puisse être jetée au regard des autres, ventant par-ci par-là son originalité, son individualité, son ego, et puisse ainsi s'établir l'échelle des hiérarchies sociales entre individus possédants/possédés.

Chacun de son ghetto, de la tour de ses certitudes et habitudes, tire à boulets rouges sur autrui, aux valeurs différentes, décalées, contraires ou contrariées, souhaite son déclin voire son anéantissement.

La paresse est l'égale de l'excès de travail, la conformité l'égale de marginalité.

Le renvoi dos à dos des philosophies, des utopies, des putréfactions des cerveaux prend n'importe quelle forme, n'importe quel repère.

Ce qui semble fort, cimenté par l'histoire, la culture, les valeurs, le sens donné, peut se transformer en un fragile château de cartes, on le sait, on le rabâche.

Sans cesse le va-et-vient entre le vivant et sa destruction nous le rappelle, et sans cesse nous ignorons cette vérité si simple.

Si quelques degrés d'écart de température nous menacent et risquent de rompre l'équilibre précaire de la planète, les millions de degrés au cœur du soleil donnent quelques indications sur notre mort prochaine.

La force du capitalisme tient dans le mirage et l'étonnement de sa reconduction jour après jour… (Le spectacle de la messe a bien tenu le coup quelques siècles.)

Le libéralisme forcené épuise la planète, fatigue les hommes qui sans faiblir le vénèrent dans leurs rituels quotidiens.

Chacun apporte son obole au monstre en continuant de fonctionner chaque jour à l'identique du précédent.

Pourtant…

L'homme dans le comportement animal peut se réfléchir, dans son explication de la nature il peut puiser quelques ressources, dans le regard sur l'histoire et l'expérience vécue il peut construire des embryons de réponses.

Dans la séparation il peut affirmer sa vie.

Son intelligence pourrait l'aider à formuler quelques issues.

Le laboratoire central aurait quelques chances d'échapper au suicide.

Révolution Mondiale Immédiate exhorte au chaos instruit, aux bouffées de sagesse, à la réflexion mesurée, aux philosophies actives.

Dés-émotionnant, dé-magiquement, dé-passionant, Révolution Mondiale Immédiate ne montre ni ses muscles, ni ses exploits, ni ses beaux raisonnements à la face d'un monde bouffi d'orgueil.

Révolution Mondiale Immédiate avance pas à pas son homéopathie politique, n'annonce ni grand soir, ni petit jour, ni petit pied, ni pied de nez !

Le cyclone invente l'instrument de son regard.
La tempête décortique les marées.
Les volcans aspergent de crachats le sol de la planète.
Avec sérieux, détachement, indifférence, celle-ci continue sa trajectoire perturbable.

COMMUNIQUÉ N° 25
QUE CENT FLEURS S'ÉPANOUISSENT !
QUE MILLE RÉVOLUTIONS MONDIALES IMMÉDIATES RIVALISENT !

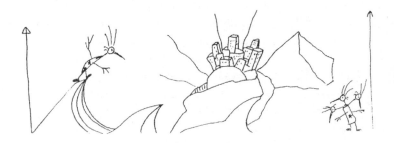

Engoncée dans sa tranquillité autoproclamée, Révolution Mondiale Immédiate milite pour l'explosion des cerveaux en cascades étincelantes d'idées, de rêves, de maîtrise philosophique de l'existence.

Révolution Mondiale Immédiate ne prétend à rien d'autre que d'être une voix atypique et blême dans l'univers, un chuchotement confondu au bruissement des insectes.

Révolution Mondiale Immédiate prend conscience de la monstruosité de l'existence qui nous est proposée à mille endroits de la planète, et de l'impossibilité d'un quelconque retour.

Persuadée des responsabilités qui incombent à chaque être d'accepter le sort ou de tortiller le destin gigotant, Révolution Mondiale Immédiate souhaite l'éclosion sur des plans de conscience non encore explorés.

L'univers agite en cachette ses multiples dimensions qu'il n'a pas pu ou pas su développer.

Les manifestations de l'énergie sous forme de matière ne doivent pas nous tenir en vrac dans l'ignorance de nos possibilités.

La pratique du calme réfute le besoin d'excitation de parole.

Le côtoiement du vide, l'absence de buts et de projets cohérents font partie d'une démarche initiatique sans obligation mystique.

Trouver sa place dans l'univers n'est pas synonyme d'acceptation des systèmes existants.

Aucune voix ne soufflera d'ordre, aucun mirage ne motivera nos gestes.

S'il est doux quelque temps de se laisser aller au conformisme ambiant, il est doux aussi de nager à contre-courant et de sentir le frottement des pressions sociales sur son échine.

Un bon dosage est nécessaire pour éviter les abus extrêmes.

Aucune hiérarchie de valeur ne sera admise dans le processus révolutionnaire, aucune magnificence, aucune certitude.

L'homme infirmé par ses besoins d'appartenance et d'identification s'insupporte.

Acquérir la puissance se fait dans la discrétion absolue.

Des chemins à trouver, des déguisements multiformes, des actes à conformer à ses idéaux, voilà la quiétude qui avance.

Le vieux monde sera balayé par des genêts ardents, des chênes éblouissants, des regards interrogateurs, des ruissellements rafraîchissants de désirs simples et calmes.

En nous entourant, la complexité reprend ses tentatives de basse séduction.

Au fond de la forêt, le sage cueille sa nourriture, inlassablement il cherche à fomenter avec les animaux, les végétaux, les étoiles, le dérangement cosmique de la marche intérieure de l'univers.

COMMUNIQUÉ N° 26
UNE SORTE DE FADA QUI BELUTE [1] VELU !

La révolution peut avoir lieu quand les conditions internes et externes sont réunies, c'est-à-dire quand les contradictions enfin éclatent.

Un œuf ne peut éclore sans être couvé par une poule, mais une poule couvant une pierre ne fera rien éclore.

Un monde sans révolutionnaire est un monde mort.

Un révolutionnaire sans les conditions amenant à la révolution et couvant de vieux principes dans un monde stérile est une sorte de FADA QUI BELUTE VELU.

1. Dans le jargon du Midi, *un gros belu* signifie « un fada ». D'où le verbe *beluter.*

COMMUNIQUÉ N° 27
RÊVE AUX LOTIONS MONDIALES IMMÉDIATES

Le confort bourgeois, l'autodestruction, l'attachement à certaines formes de culture, l'empoussièrement cérébral sont des pièges tendus sur le cheminement lumineux, sinueux mais rapide du révolutionnaire en quête d'émotions fortes de fête foraine.

COMMUNIQUÉ N° 28

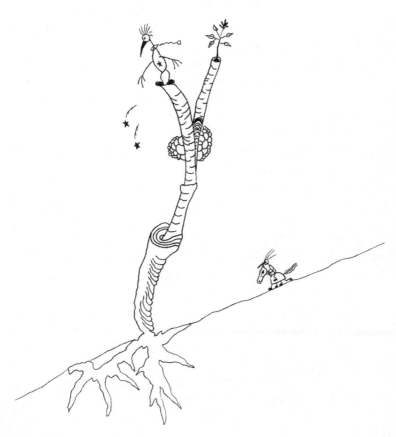

COMMUNIQUÉ N° 29
GARÇON, UN DEMI S'IL VOUS PLAÎT !

Révolution Mondiale Immédiate maintient la pression sur le monde, traque les tenanciers du pouvoir, démoralise ses sbires.

Révolution Mondiale Immédiate ne fait pas l'étonnée devant les méfaits du capital, ne s'offusque pas de ses crimes, ne réclame pas justice à ses bourreaux ni à leurs commanditaires.

Révolution Mondiale Immédiate préconise l'étude de la chimie, de la physique nucléaire, de l'informatique, du contrôle des moyens de communications.

Révolution Mondiale Immédiate connaît la guerre psychologique, les manipulations de masse ou particulières, le lavage des cerveaux.

Révolution Mondiale Immédiate connaît les arcanes pragmatiques et occultes de la guerre idéologique, sait sourire devant les victoires de l'ennemi de classe et s'attriste de la naïveté, vraie ou feinte, de son camp.

De son camp retranché Révolution Mondiale Immédiate lance quelques missiles déstabilisateurs.

Sous prétexte d'ethnologie, d'anthropologie, de psychologie sociale, Révolution Mondiale Immédiate accumule les connaissances, pénètre différents milieux, au grand cauchemar paranoïaque des dirigeants de l'État.

Révolution Mondiale Immédiate assiste au spectacle de la destruction des espèces, au chambardement écologique, au désarroi des peuples ballottés dans l'inacceptable.

La non-vie gangrène les sociétés modernes et l'instinct de mort prend des proportions inquiétantes, passant des massacres aux maladies somatiques, allant jusqu'à infecter et mortifier l'acte sexuel, dans des débordements autodestructeurs exacerbés.

Révolution Mondiale Immédiate sait que les marchés de dupe se font de plus en plus en rares, que la conscience progresse, mais qu'elle amène un comportement perverti au bord de l'amnésie et de l'indifférence surdopée.

La complexité induit deux tendances : le sentiment d'impuissance et ses arborescences défaitistes, ou l'acharnement monomaniaque.

À vouloir trop contrôler la pensée, le capitalisme s'assied sur un baril incontrôlé de mutations mentales.

La sensibilité de Révolution Mondiale Immédiate révèle la fluctuation des désirs et des comportements oscillant entre la sérénité, la recherche des chemins, l'explosion des personnalités, les dérèglements affectifs et sociaux.

Des contradictions aussi extrêmes mènent à la rupture.

Révolution Mondiale Immédiate ne lit pas dans le marc de café, ne consulte pas les oracles ni les cours de la Bourse, ne sait rien à proprement parler, ne déduit rien d'affirmatif.

Révolution Mondiale Immédiate observe ce qui se passe à la portée de sa compréhension, appelle cependant au désordre mesuré, une ultime subversion dans l'état actuel du monde, représente l'ultime chance ou malchance de l'humanité.

L'honnêteté du joueur est sa mise en péril. Le voyeurisme est l'une des pires négations de soi-même.

Le capitalisme ne sait qu'entretenir le rapport spectaculaire entre les acteurs sociaux et ceux qui les badent [1].

La Révolution sociale prend chaque jour du retard à la grande joie insensée de ceux-là mêmes qui auraient tout à gagner de la destruction du système.

« *AVE CAESAR*, CEUX QUI VONT MOURIR TE SALUENT ! » Je vous en prie, braves gens, que le spectacle commence !

COMMUNIQUÉ N° 30
SUR TOUS LES FRONTS NOS MILITANTS
RENCONTRENT DE VIFS SUCCÈS !

Les coups de tampon donnés au hasard des rencontres, la promenade hygiénique du drapeau noir de RÉVOLUTION MONDIALE IMMÉDIATE, quelques slogans lancés à la foule, tels que : « Ce qu'il faudrait c'est une bonne RÉVOLUTION MONDIALE... IMMÉDIATE ! », l'expérimentation de nos vrais papiers auprès des contrôleurs SNCF, entre autres, nos tracts égarés comme de jolis poèmes aux endroits les plus subtils et les plus inédits de la planète, nos dessins, véritables supports à la méditation révolutionnaire nihiliste, la semi-clandestinité des membres de notre comité central, le travail intellectuel colossal de celui-ci, produisant des analyses pertinentes, la relecture critique des expériences sociales passées ou en cours, l'ouverture sur une société post-industrielle et surtout post-capitaliste font de RÉVOLUTION MONDIALE IMMÉDIATE le flambeau éclatant dans la nuit idéologique que traverse le monde, le radeau salvateur dans l'océan de soumission, de compromission et de servitude volontaire qui engloutit toute énergie créatrice, le guide indispensable dans le désert des relations humaines moribondes. RÉVOLUTION MONDIALE IMMÉDIATE appelle à la mondialisation urgente et générale pour l'abolition du pire (et plus encore).

Tapis dans les cavernes, les soupentes, les réduits, les poings serrés dans les poches, pullulant dans tous les milieux sociaux, les partisans de RÉVOLUTION MONDIALE IMMÉDIATE n'en peuvent plus d'attendre le signal du déclenchement de l'émeute mondiale définitive.

Leurs succès tactiques d'aujourd'hui, l'espoir, l'admiration qu'il suscitent sont autant d'étranges sourires percutant d'emblée leurs prospectives utopistes.

L'idée révolutionnaire n'est pas morte et demande un petit effort, essaimer, saboter, conspirer, développer des réseaux internationaux, casser ses habitudes, rompre ses relations, sortir de sa tête en chemise de nuit pour boire la rosée du matin, faire les cuivres de la conscience, astiquer son argumentaire... Ne vous laissez pas aussi facilement dévorer... RÉVOLUTION MONDIALE IMMÉDIATE n'est pas une organisation humanitaire spécialisée dans les soins idéaux des âmes.

RÉVOLUTION MONDIALE IMMÉDIATE est le dernier sursaut d'une poignée d'individus prêts à en découdre avec les idées, à renifler l'extase du temps qui abolit à son point de non-retour le succès des dérives monstrueuses.

COMMUNIQUÉ Nº 31

En 1994 Révolution Mondiale Immédiate issue de la catastrophique mouvance des années 70-80... milite pour le désenchantement lucide et actif.

La nuisance causée à l'esprit révolutionnaire par les défoliants idéologiques déversés par la haute bourgeoisie internationale nécessitait une réponse à la hauteur du désastre.

L'esprit révolutionnaire, après une révision fondamentale à la fois de ses dogmes et de ses fondements philosophiques, était entré dans un état de prostration aphasique.

À plusieurs reprises quelques soubresauts du dernier carré militant permirent de mesurer comment les réflexes pavloviens avaient repassé les cerveaux.

Débarrassé de ses oripeaux humanistes, tactiques ou essentiels, le révolté découvrit que la révolution ne pouvait promettre d'avenir béat à une humanité qui se contentait de répondre aux stimuli sociaux par l'agressivité ou la soumission.

Porté par son élan il s'aperçut que les actes qu'il proclamait altruistes ne concernaient que lui et aboutissaient à sa neutralisation.

Occupé à fortifier son « bunker » mental, il ne trouvait provisoirement d'issue que dans la dissociation, la séparation voire l'isolement.

Parler du frottement des idées, parler de la brillance des esprits n'avait d'intérêt qu'avec des esprits libres. Or la liberté d'esprit, d'idées, de paroles, autoproclamée reste le plus souvent au stade d'une logorrhée d'autosatisfaction ou de discours de consolation, que d'une pratique réelle.

S'adresser à l'intelligence ne suffisait pas ou avait un impact quasiment nul.

Douillettement anéanti, enkysté, le révolutionnaire résistait plus ou moins à la phagocytose.

Devant cette déliquescence trop visible, il s'agissait de réagir : Révolution Mondiale Immédiate ouvrait un gouffre sous les pas des esprits repus.

Le paradoxe du révolutionnaire résidait dans le refus de voir que l'humanité aime à se vautrer dans la misère psychique, et honore et respecte ses individus les plus agressifs.

Orphelin des mythes qui justifiaient ses actions, il ne lui reste plus qu'à hurler seul dans le désert mental et titiller l'apathie.

Il rêve de fuite, d'exode, de débandade, de démission, de délitement progressif de la civilisation.

Son esprit ne se calme pas, sa fureur piétine, sa révolte piétine, souterraine.

Il jette quelques ferments en pâture et attend provisoirement... « rien ni personne ».

Les formes que prendront sa lutte, ou sa survie, s'apparenteront aux trajectoires des feuilles dans le vent, à la nervosité des libellules, à l'affection des lions vis-à-vis de leurs compagnes, au sourire des requins, aux troubles de la lune dans des ruisseaux nocturnes.

Le roulement des galets, le clapotis des lacs, le vent dans les pins ne sont pas des bruits immortels.

COMMUNIQUÉ N° 32

Révolution Mondiale Immédiate n'a d'autre existence que celle d'être une hypothèse de travail.

Dans les brisures de l'histoire, Révolution Mondiale Immédiate glane quelques fragments à exhiber comme autant de colifichets dérisoires et muséïques.

Dans le sens du temps arrivé au bout de son impasse, Révolution Mondiale Immédiate estime que l'être a fini son deuil de tout ce qui motivait et explicitait sa pensée.

Enfoui sous l'écroulement des recouvrements successifs qui justifiaient l'origine de ses actes, dépecé de sa raison qui veloutait en plis ondulant au sommet de sa mémoire, celui-ci se retrouve à glisser sur les turbulences du chaos.

Le voilà enfin seul avec ses archaïsmes pour passé, gesticulant dans un univers muet et rétréci au rayon de ses habitudes.

La leçon de silence et d'immobilisme le console provisoirement dans sa panne, mortifié par l'étendue qu'il découvre et le vacillement de son existence.

Au milieu des problématiques folles qu'il lègue à la terre comme autant d'injures, son esprit implose, ne supportant pas une aussi grande vacuité.

Enfin seul, il lui reste à répandre dans l'espace et le temps, traçant des parcours discrets comme autant de voies possibles ou imaginables.

Reste l'exploration et l'expérimentation sans but, au gré de son éthique, reste à partager le sommeil des fauves, l'enracinement des arbres, reste à entendre le bruissement des planètes parcourant l'univers, reste à se moquer des actes commis, des pensées émises.

RÉVOLUTION MONDIALE IMMÉDIATE avance de son pas douteux, portant l'étendard de la révolution comme un ultime mirage romantique, et soumet son programme du Rien, de l'attente vaine, de l'inutile et du vide, pensant que l'importance de l'être lui échappe ou doit lui échapper si elle veut rester « l'orage menaçant la plaine ».

COMMUNIQUÉ N° 33

Révolution Mondiale Immédiate ouvre dans l'être une brèche invisible qui palpite au gré de ses sursauts de pensée.

Ses concepts sacralisés tourbillonnent en feuilles mortes emportées par le cyclone.

Révolution Mondiale Immédiate pend dans le vide, suspendue par des liens aux fibres d'équations mathématiques, et pendule avec frénésie au faîte du néant.

L'attaque de la pensée dissocie l'être de lui-même, modifie son essence qui réapprend le sens exact de l'acte.

Interstice béant qui dévore la matière qui l'entoure et se nourrit du cadavre des sens déchus.

Fantôme dans le siècle, ou apparition élégante, Révolution Mondiale Immédiate s'offusque du rire de la création, entend désespérer, et travaille symboliquement à l'avènement du désastre comme on décervelle une grenouille, dénoyaute des olives, et dévide l'histoire de la déraison.

Révolution Mondiale Immédiate jette ses syllabes de feu en gouttelettes rares mais acides et frémit de son pouvoir.

La torsion infligée dans le cours du temps induit une découverte anodine : celle du corps flottant, de la méditation avancée.

Révolution Mondiale Immédiate demande de retenir son souffle dans la nuit par tact et peur d'effrayer, et reprend sa marche nerveuse de lézard.

Révolution Mondiale Immédiate scrute les logiques de l'absurde, et les frissons glacés qui parcourent son échine démentent l'optimisme de rigueur affiché.

L'espèce issue du vide anéantira l'espèce, les ruptures dans la symétrie du langage, les récifs du dire et de l'agir viendront à bout du rien et lui feront vomir un cosmos étincelant.

COMMUNIQUÉ N° 34
LÉON VOITUR AIDE MON AILE TIMIDE

Léon Voitur Aide Mon Aile Timide (comité central) manipule le paradoxe au vu et au su de tous à revendiquer le nihilisme comme emblème de son appartenance, à renvoyer la surproduction de sens au déferlement du chaos.

Dans l'étroit passage entre les deux blocs vertigineux du sens et de l'absence.

À refuser toute prédiction pour s'appuyer sur la fourmilière vivante de l'histoire, où tout grouille dans un dégagement extrême de phéromones, où l'angoisse étend son gaz à chaque cerveau pour titiller la conscience collective.

La forme donnée à nos interventions sert de hochet aux volontés naïves qui désirent encore voir les preuves de l'indicible, et vérifier par le toucher l'existence des mirages.

Nos pensées se nouent et des branches flexibles frappent nos visages.

Épinglé dans sa collection d'insectes géants, Léon Voitur Aide Mon Aile Timide défend au plus haut niveau l'expression politique des parties ombrées de son subconscient, et détermine l'entrée de l'espace où s'amorcent les parcours possibles.

Détachant les amarres, abattant les parapets, les couloirs de la mort aux formes de labyrinthes ne sont plus pour elle que de vieux cauchemars d'enfance.

Léon Voitur Aide Mon Aile Timide n'échappe pas à la gravitation malgré ses pattes d'oiseau.

Son sautillement encore léger, incongru dans le siècle, devance l'histoire des causalités.

Léon Voitur Aide Mon Aile Timide se momifie à l'air de la modernité et glisse en esprit entre les êtres, jusqu'à souffler dans leurs bronches des arguments d'acier.

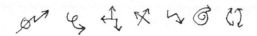

Les militants de Révolution Mondiale Immédiate ne cessent de tester différentes situations afin de mieux comprendre le monde, et de proposer des solutions fiables.

EN ROUTE POUR LA RECONSTRUCTION DU MUR DE BERLIN ET LE BLOCUS DES USA À PARTIR DE CUBA !

88

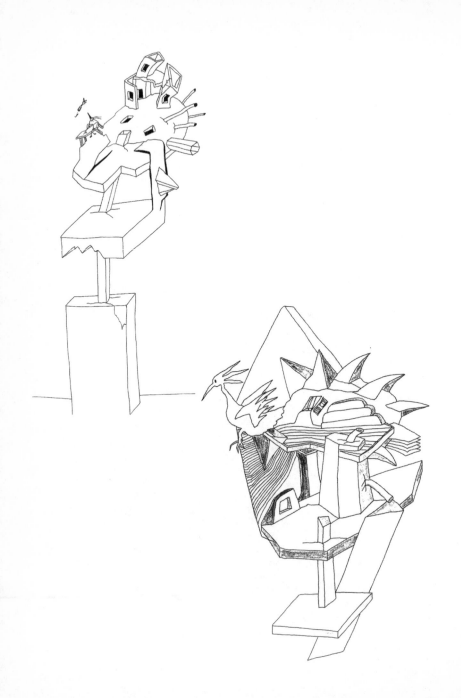

COMMUNIQUÉ N° 51
SOUS L'ÉCAILLE DU DRAGON :
LE MEETING IDÉAL

(Die 1996)

Personnages :

MONSIEUR LOYAL
LUCIEN
CONCEPTION
ÉTOILE
JUAN
IAGO
MARC
LE CORPS
DOC

La scène est barrée par un immense drapeau. Apparaît
Monsieur Loyal.

MONSIEUR LOYAL — Bonsoir mesdames, Bonsoir mesdemoiselles,
Bonsoir messieurs.

« La commune n'est pas une princesse féerique pour que d'elle
on rêve la nuit. »

« La révolution n'est pas un dîner de gala. »

La révolution est devenue cette place désertée, cet ailleurs
mythique, le coffret où l'on puise quelques bouffées d'utopies
les jours de grands désespoirs pluvieux.

Aux yeux du sage tout ressemble à une bouffonnerie sans
importance.

Cette prétention de vouloir ordonner la vie, de vouloir décider
de la mort, à coups de sabre, de rafales de Kalachnikov, de
hurlements, de déclarations, de gestes symboliques.

Mais au fait pourquoi êtes-vous ici ?

Par quelle curiosité, par quel mouvement désespéré d'en finir
avec le quotidien et le spectacle, cinquième et sixième pattes
qui soutiennent l'ordre du monde ?

Derrière ce rideau il y a ce dragon magnifique, parcourant les
montagnes sans fatigue, éveillant la crainte des hordes
barbares, l'animal foudroyant et invincible qui dévore,
l'animal dont le débord des rêves se manifeste dans l'orage.

Si un homme courageux se présente prêt à affronter le dragon là ce soir, alors pas de problème, que le spectacle commence !
Une fois, deux fois, trois fois…
Je vous comprends, personne n'ose s'y risquer, et ceux qui ont tenté de relever le défi ont disparu corps et âme.
Il n'y a personne, vraiment personne ce soir.

Un homme se lève dans le public.

LUCIEN — Si, moi.

MONSIEUR LOYAL — Très bien, comment vous appelez-vous ?

LUCIEN — Lucien.

MONSIEUR LOYAL — Et que faites-vous ?

LUCIEN — Je suis boucher à la Villette.

MONSIEUR LOYAL — Ah, très bien, vous savez manier le couteau, vous avez l'habitude du sang, de trancher dans la viande.
Vous avez une femme, des enfants ?

LUCIEN — J'ai quatre enfants.

MONSIEUR LOYAL — Vous n'avez pas peur, Lucien ?
Vous êtes bien sûr de vouloir affronter le dragon, de vous retrouver seul face à son regard terrifiant ?
Rien que son regard peut vous percer le ventre, vous clouer la tête contre le mur du fond de cette salle.

LUCIEN — Je n'ai pas peur.

MONSIEUR LOYAL — Vous êtes prêt, Lucien ?

LUCIEN — Je suis prêt.

MONSIEUR LOYAL — Alors Lucien, approchez-vous.

Il monte sur scène.

Vous savez que vous risquez une mort atroce, là, ici, ce soir, dans quelques instants.

En tant que père de famille moi-même, je ne peux pas vous envoyer devant une telle épreuve.

Pensez à votre femme, à vos enfants.

LUCIEN — Je n'ai pas peur. Je ne veux pas être pris pour un lâche.

MONSIEUR LOYAL — Parfois il vaut peut-être mieux passer pour un lâche...

Mais je ne peux pas non plus aller contre votre volonté. Réfléchissez.

Je vous aurai mis en garde, je ne veux pas être tenu pour responsable de ce qui pourrait vous arriver.

LUCIEN — C'est tout réfléchi.

MONSIEUR LOYAL — Alors vous avez peut-être une dernière volonté à exprimer, un mot pour vos proches ?

LUCIEN — Oui.

Si je disparais, que ma femme et mes enfants vénèrent mon courage.

Si je ressors vainqueur de ce combat, alors je chevaucherai en chef suprême, j'asservirai la terre, et le monde m'appartiendra.

Monsieur Loyal embrasse l'homme.

MONSIEUR LOYAL — Aucun homme n'est jamais revenu de cette épreuve.

Dommage, vous commenciez à m'être sympathique.

Courage, Lucien, nous sommes de tout cœur avec vous.

L'homme passe derrière le rideau.
Bruit de combat violent, cri, fumée, craquement d'os, etc.

Dieu ait son âme.

On pourrait continuer ainsi pendant longtemps, faire passer à la queue leu leu la poignée de courageux qui peuplent la planète, parcourir les villes et laisser une terre vidée de son âme.

Mais serait-ce la preuve de notre puissance ?

Éternelle question.

Aussi je veux vous donner autre chose à voir, autre chose à entendre, autre chose à toucher du bout de votre pensée voyageuse et lointaine...

Je veux, ici même, ce soir, soulever au hasard l'une des écailles de ce terrifique Dragon, pénétrer ses chairs, exposer ses viscères, regarder le bouillonnement de ses humeurs.

Il écarte le rideau : un décor de meeting se découvre : tribunes, drapeaux rouges et noirs, homme qui dissèque un corps, homme qui donne des coups de tampon derrière un bureau et répond au téléphone, femmes qui expérimentent la recette du cocktail Molotov dans une casserole, rangement d'armes, tirage de tracts, remue-ménage...

Moi je suis là en ethnologue pointilleux.

Après le cirque, le théâtre, la politique, j'aime les fourmilières qui bougent, les cervelles qui se fendent sous le gel des nuits mongoles.

Ici, dans le ventre du Dragon, les révolutionnaires agitent leur âme comme des drapeaux secoués par la bataille.

Ils ont perdu le fil de leur pensée, ont été emprisonnés, anéantis, laminés par l'État.

Il ne reste d'eux que quelques os blanchis par le soleil, le vent, la pluie, quelques mots, quelques bribes quelques attitudes...

CONCEPTION — Je suis Conception, l'égérie probable de la révolution imminente.

J'ai été étirée dans le néant jusqu'à ce qu'une rupture s'annonce – blême et emblématique de la fragilité de l'être –

prêt à se disloquer et tenant du bout de ses doigts les éternels morceaux qu'il aimerait tant dilapider.

Je n'ai pas besoin de cette reconnaissance des autres, de cette légère empreinte laissée dans le sillon humain.

Mes déferlantes sont peuplées de silence.

J'ai le vertige des vies, des parcours, des histoires.

J'entrevois cette monstruosité du cumul, cet entassement d'affects, d'actes, de désirs où rien ne s'apaise, où le repos n'existe nulle part.

Je cherche le repos qui soit équilibre aux portes de la mort.

Debout au seuil de cette aspiration froide, j'aime les ambiances studieuses, les visages engloutis dans l'étude, la marche forcée des idées, des solutions à trouver.

Le gâchis d'intelligence me remplit d'horreur, moi qui ai eu tant de mal à découvrir le jardin interdit de la connaissance.

J'étais dans la pesanteur de la vie sans conscience, affolée.

D'autres m'ont fait apprécier le souffle de la culture, des horizons en myriades, de l'unicité.

ÉTOILE — Je suis Étoile, l'étoile qui entre dans la danse cosmique de l'univers – l'égérie autoproclamée de la révolution, et mon rôle est d'exister.

Je suis signe et sensible comme la surface d'un grand lac frémissant.

On me regarde vivre, on me désire, chaque parcelle de ma peau est un délice, chaque mouvement infime de mon corps soulève des soifs d'amour intarissable...

Je chemine dans la matière humaine.

Je suis cet être qui circule entre les êtres, qui rebondit d'histoire en histoire, qui manie la parole comme une arme.

Je m'approche pourtant du solitaire en asymptote fulgurante.

Je le frôle et son poil se hérisse.

Une électricité fine entoure notre rencontre, tendue entre deux mondes qui se repoussent.

Dans mon avancée, je me nourris de chair et de pensées, laissant derrière moi autant de fantômes atteints dans leur quotidien.

Je suis cette comète témoignant du passé, portant l'idéologie des premiers bergers, goûtant les fruits, buvant le lait frais des troupeaux, amoureuse de sensations simples et oublieuse de mes pas.

Si la révolution veut dire quelque chose, alors c'est ce cumul de sens, cette ouverture sans limites aux bords d'autres expériences.

Je suis de cette curiosité qui ne peut s'assouvir et comme le solitaire, je fuis cette multitude par dégoût de l'âme profonde.

Je me plais dans l'expression d'autant de formes inattendues et me déçois des ressemblances.

Je finirai vidée de mon sang, assassinée, brisée par la haine.

Je finirai en sorcière délaissée, en vieille folle sans dents.

JUAN — Je suis le contrôleur du bureau de vérification des destinées.

Je voudrais que l'homme soit monotone pour lui-même, que la prolifération et la profusion s'assèchent, que l'excellence de normes saines apaise le grand tumulte.

L'univers chaotique m'entraîne dans une spirale infinie où la chute s'éternise : je dis ceci pour me calmer, pour diminuer ma souffrance.

On ne tolérerait pas de chaque végétal, de chaque animal, l'étalage de son vécu.

L'homme préfère se complaire de lui-même, examiner toutes les coutures de ses existences.

Moi dans le désert, si la silhouette d'un homme se profile à l'horizon, alors j'inverse le sens de mes pas.

J'aimerais être la proie des bêtes sauvages pour lesquelles j'éprouve du respect.

J'ai trop vu d'exubérances acharnées et à la fois d'étouffements morbides.

Je n'exalterai plus aucun modèle, ni leur réaction ni leur négation.

Je renverrai dans la même problématique agitée et nerveuse les valeurs opposées.

J'explorerai les mondes clos comme autant d'étouffoir, je ferais de l'homme ce chevalier errant, juste et sans bonté, sortant de sa forteresse pour parcourir les bois.

Moi, fonctionnaire obscur des bureaux poussiéreux de la révolution organisatrice.

Moi qui insulte la vie.

Ni la folie ni le suicide ne me guettent.

IAGO — Je suis le comptable de la révolution.

Jusqu'à présent il s'agissait de remplir la caisse, d'évaluer en termes de viabilité l'économie, d'assurer apporter plus que ce que le capitalisme pouvait donner. Jamais une révolution n'a appelé à moins de confort, à moins de consommation, à l'abandon de ce superflu qui en tout nous gave, nous pourrit, nous empoisonne.

Moi, je vous le dis carrément, la révolution sera ce coup d'arrêt fatal à l'économie marchande du pullulement hypnotique.

Il s'agira de reprendre les dimensions exactes de l'existence, de soupeser les inventions, de refuser cette universalité obligatoire des biens.

Que signifient les discours sur la liberté ?

La volonté de puissance croit pulvériser l'économie.

Moi je suis prudent sur cet aspect rébarbatif des choses, sur cette castration des grands idéaux – l'histoire de la pauvreté reste à écrire.

La révolution est une affaire de gosses de riches éduqués, un amusement social, une expérimentation grandeur nature du jeu avec l'État, les instances… la vérification des rouages.

Elle survivra dans des modélisations apocalyptiques sur les ordinateurs familiaux.

La révolution sera la proie des spécialistes, des technocrates, des faiseurs de mots, la révolution se dissoudra dans l'arithmétique.

Ma vision sera trop cruelle pour être supportée.

Les comptables sont les oracles cachés, les contrepoids indésirables des envolées lyriques.

Je retournerai à mon ossature de chiffres, aux soubassements de mes opérations, à la soute qui préfigure le tombeau de la révolution.

Moi je finirai étouffé dans un repas apoplectique.

Moi non plus je n'ai rien compris à la vie, la vraie vie, celle qui n'existe nulle part, puisque chaque expérience exclue l'autre.

MARC — Je suis le bouffon de la révolution, celui qui exhorte au silence, celui qui exhorte à la solitude, comme école de soi même, comme la forte école de l'existence silencieuse sur terre.

Dans le social, l'homme hait sa faiblesse et nie ses peurs fondamentales.

Sa peur d'être étouffé vivant, tout chaud, tout gigotant.

Moi je me fous de la bonté, de l'égalité triomphante, de la convivialité hypocrite de l'ironie et de la fête.

Moi j'irai couper des têtes et jouer aux boules, moi j'irai patauger dans le sang, fabriquer du boudin rouge, teinter mes drapeaux.

Demain l'homme sera encore plus niais, puisque nous aurons disparu.

L'impertinence a perdu de son avenir.

Comment pourrait-il exister des bouffons dans un monde dégénéré, où le sens s'annihile.

Moi je finirai en lugubre, laissant l'homme seul face à son triste humour, à ses pseudo-magies, à sa farce, à son rêve, et j'irai apprendre des arbres le silence le plus épais.

JUAN — Moi je suis le ténébreux de la révolution, l'abusé, l'homme qui croit à l'exaltation et à l'amertume.

J'enfonce des clous dans ma chair, ma langue palpite.

Des mots incandescents tombent de ma bouche et enflamment l'asphalte sous mes pas charbonneux.

Je porte dans ma poche un couteau aiguisé.

Le moindre visage est une insulte, la moindre trace d'humanité une injure.

Je vois la révolution comme de longues nuits pendant lesquelles les comptes se règlent, avec tout ce qui a meurtri l'être depuis son enfance.

Un ressentiment trop fort me monte par bouffées.

Je ne peux voir le monde que détruit de fond en comble, je ne vois comme salut que le suicide.

Dans des ruelles obscures, sous des pluies pénétrantes, dans des feux ravageurs, j'entrevois cette lueur d'espoir.

Je ne sais pas où je veux en venir, la moindre issue me paraît inconcevable.

Je ne me complais pas dans la tristesse et la souffrance, moi aussi j'aurais aimé être joyeux.

Parfois je me console dans des rêveries exotiques, dans cette étrangeté sans réalité qui me transporte.

Je n'aimerais pas connaître ta vie de femme, je ne veux finalement rien savoir de toi.

J'engluerai mon regard dans tes gestes, dans le remuement de ton corps.

Comment a-t-on pu m'éloigner à ce point de la vie ?

Je deviens sourd par lassitude de l'usure des mots, des idées émises sans répit, des stimuli répétés.

Moi je finirai hagard, retranché, maniaque dans mes rêveries, inventeur de rites et, bien sûr, inconsolable.

CONCEPTION — Je suis la théoricienne de la révolution, celle qui n'a pas d'amis, celle qui ne sait pas vivre, celle qui méprise le peu de cas que font les hommes de leur conscience déficiente.

J'avance dans ma logique, je veux tordre comme des barres de métal ce produit d'un corps mou.

Je suis une moraliste assoiffée de clarté, rejetant l'abjection.

J'ai besoin de regards purs, de sentiments clairs.

Pourquoi les êtres s'épuisent-ils dans des parcours qui leur font manquer le train de l'histoire ?

Si la vie était régie par ma volonté étendue, nous serions des animaux simples et fidèles.

Je me réfugie dans des mythes, des schémas simplifiés, je surmonte intellectuellement la complexité, mais je suis incapable d'en vivre la moindre bribe, les affects me transpercent de part en part sans laisser perler une goutte de sang.

Le tumulte qui est en moi s'est fixé en abcès qui suppure dans ma tête.

La révolution me fait peur, ce relâchement soudain des désirs et des pulsions.

Je ne souhaite à personne de vivre cela, pourtant je ne cesse d'étudier pour le retrancher.

Je construis des tactiques, invente des stratégies, je n'implique heureusement pas tout mon être dans ces foutaises de femme malade.

IAGO — Je suis le révolutionnaire sans révolution, sans amour, sans espoir, sans joie.

Je suis celui qui crache sur les modèles convenus et frelatés.

Je suis celui qui perce à jour, démonte les intentions, réduit à néant tout élan qui se proclame sincère.

Derrière il y a cet affreux double fond où mijote l'aigreur du monde.

Donnez-moi un être enthousiaste, que je brise aussi sec les reins de ses utopies.

J'aimerais rencontrer une idée qui m'exalte.

Trouver un moment pour me soulager de la tension trop aiguë qui strie ma cervelle et l'étouffe.

Je ne reviens jamais indemne de ces montées au cerveau, de cet état des lieux dévastés.

Les tronçons de vie que j'accumule bout à bout sont autant de constructions de mon être capable de vivre çà ou là, comme ci comme ça, des morceaux de vie qu'aucun lien ne paquette.

LE CORPS — Je suis le corps de la révolution, autopsié de part en part, dont le moindre sursaut de la moindre cellule cachée au fin fond des replis les plus obscurs préoccupe une nuée de spécialistes qui se repaissent de mon agonie.

Vous avez eu raison d'arracher mes tripes, de soupeser le poids de mes organes, d'analyser mes jus, de jeter quelques-uns de mes restes aux chiens.

Vouloir donner chair au concept de révolution est déjà contraire à son esprit.

Que vous soyez politiciens, artistes, poètes ou hommes de cœur, vous ne m'apportez que gras et flatulences.

Je suis fatigué de l'extase, des prophètes, des organisateurs, des génies, des égéries survoltées.

Je suis fatigué de toutes ces formes, détournées ou ignorées de la bonne conscience d'une humanité peut-être encore sauvable.

À travers des milliers de morts, des milliers de tortures, l'espoir se consolide.

Vous avez construit un corps, une science, sur le projet inébranlable qui ressurgit du fond de vous-même comme un élan qui se veut généreux.

Pourquoi voulez-vous donner cette image de vous-même ?

Pourquoi voulez-vous sans cesse rejeter votre passé animal, fait de domination, de lutte sans cruauté, de craintes ?

À force de me dépecer, il n'y a plus rien à comprendre que cette inquiétude à subir devant ces morceaux épars.

Si j'étais ce gouffre de complexité, si j'étais ce creuset où se subliment tant d'espoirs.

Si j'étais ce passage obligé de la conscience, ce menhir planté en bordure de chemin.

Moi je n'en finis pas de me nourrir de ma décrépitude.

Sortez le nez de mes tripes, enlevez vos sales pattes tachées de mon sang.

J'agglutinerai votre langue au fer rouge et vous rendrai muet.

Vous aurez alors l'apparence du sage, alors que le tourment vous chevillera l'esprit sur des lambeaux de peau pourrissante.

Doc — Je viens de finir l'autopsie de ce corps tuméfié où les dégâts du cancer font apparaître des micromondes échevelés, autonomes.

Les analogies migrent en sourdine, dérangeant l'ordre du monde.

Je ne vomirai pas sur les structures sociales, sur les constructions mentales les plus hasardeuses.

Je comprends les mécanismes dans leurs détails et connais l'indulgence.

Je reconnais la violence dissimulée, absorbée par la mollesse de la matière chair – organes – et liquides.

Les ondes, qui me transpercent et me parcourent, sont imprégnées de la mémoire des origines de ce grand feu, qui finit en grumeaux comme raté de l'expérience.

J'avancerai dans les tensions et les relâchements comme dans une respiration naturelle, où chaque longueur de temps présage d'un arrêt de mort.

J'ai cherché l'explication contre l'étouffement de la tendresse, contre l'abandon, l'affectif.

J'ai buté longtemps sur les capteurs sensibles, sur la transformation des odeurs, des couleurs, des formes.

J'aurais aimé connaître le tact délicat de l'arbre muet – immobile parcouru d'insectes, traversé d'oiseaux.

Je n'ai pas trouvé l'amour, je craignais cette découverte.

Mon avancée dans le monde sera dénuée de tout lyrisme.

J'entreprendrai de folles entreprises à la mesure de mes préoccupations laborieuses.

Je réduirai ma vie à quelques idées fertiles.

Je m'enterrerai dans des balbutiements humains avec honte.

CONCEPTION — Nous n'aurons plus aucune force à continuer ainsi, l'hémorragie de nos cerveaux achève de nous priver de nos moelles délicieuses.
Nos drapeaux peuvent claquer dans le vent, abandonnés en des lieux où de rares voyageurs témoigneront de la valeur religieuse de ces vestiges.
La civilisation nous saisit à la gorge et cherche à nous faire cracher la dernière parcelle de nous-même.
J'entendrai dans le crépuscule des chants nostalgiques qui parleront d'amour comme jamais il n'en existe.
Parce que l'énervement nous gagne, parce que la vie nous rattrape en pleine rêverie, parce que plus aucune innocence ne subsiste, et subsisterait-elle, nous rejetterions cette béatitude.

MONSIEUR LOYAL — Et l'on pourrait longtemps continuer dans cet épanchement sans fin, dans cette déliquescence des consciences excitées.
Mais je manquerais gravement à mon métier de montreur d'ours.
La révolution, c'est aussi ces bras visqueux de pieuvre – ces doutes cheminant dans les brisures de l'être – ces glissements de failles l'une sur l'autre, cette ambivalence rampante.
Il pourrait y avoir la nuit, un léger bruit de grillon, quelques étoiles, il pourrait y avoir ce silence et cette rumeur lointaine d'un bivouac tranquille.
Il pourrait y avoir ces hommes et ces femmes perdus au cœur de la forêt, rêvant de l'embrasement du monde.

La nuit se fait : grillons, feu de bois, léger vent lointain, chouette...
Tour de magie : présentation d'animaux.
RITUEL
Les comédiens s'avancent portant des vasques.

Je vénère le minéral
Je vénère le végétal
Je vénère l'animal
Je vénère l'humain
Je vénère l'au-delà des sens.

JUAN — Porter la révolution est aussi ce frôlement insistant avec la mort, trop de camarades le comprennent trop tard.

Quand ils le découvrent, ou ils se sauvent reniant leur passé, ou ils s'endurcissent et tendent vers la cruauté.

Ils font alors payer à l'ennemi le prix de leur peur intime.

Mais nous sommes des survivants de l'utopie, des figures d'histoires.

La nostalgie n'est pas notre paillasse, nous ne sommes pas non plus accrochés aux parois du vide immense des idées immuables, en craignant le vertige.

Le vertige nous intéresse, nous aimons cette aspiration, cette fragilité de nos êtres prêts à se fracasser contre la planète.

Car c'est de ça qu'il s'agit.

De la fragilité, de la faiblesse, de l'ombre, de l'erreur, de la dimension humaine liée à la terre.

Pourquoi la révolution parlerait-elle d'autre chose en niant cette mesure, en niant la part obscure de l'existence ?

Pourquoi la révolution créerait-elle ses propres flics, ses camps, son armée ?

Mais tout cela a été dit, débattu, autrefois, et oublié, et je ne voudrais pas faire surgir de nouveau ces vieux fantômes qui nous assaillent.

CONCEPTION — Notre meeting est le balbutiement d'une parole prophétique.

Trop d'images sont brandies, trop de désirs sont jetés comme moteur d'une société à produire, et qui se moque de la misère mentale qu'elle engendre. La révolution ne sera plus ce contrepoids tendu dans l'horreur, dans la problématique dépassée du bien... du mal ...

MARC — Je retrouverai mon souffle guerrier.

Nous sommes la rage d'un idéal qui traverse l'époque en montrant son dos de serpent archaïque.

Nous chevaucherons des steppes immenses, découvrirons d'autres peuples, d'autres cultures.

Nous exprimerons notre force.

La poignée que sous sommes sera la tête hydrique du monstre qui rongera l'Occident pour se gaver de ses entrailles.

Je porterai le poignard au cœur de la bête, je n'aurai peur ni de donner la mort ni de la recevoir.

Car c'est aussi de ça qu'il s'agit : du mépris de sa prétention à survivre.

ÉTOILE — J'entends vous toucher ni par ma beauté, ni par ma grâce, ni par la limpidité de ma raison.

J'entends vous toucher ni par l'extravagance, ni par l'originalité de mon caractère, cela aussi procède d'une distinction malsaine.

Je suis simplement un être de cette nature oubliée, autant perdu qu'un autre.

Aussi je sympathise facilement avec les êtres réels : les arbres, les plantes, les animaux de rencontre.

Le don de la nature me convient parfaitement.

Je tourne le dos aux hommes en manque de connaissances réelles.

Je veux habiter les cavernes, les cimes des arbres.

Je veux vivre dans ce réseau de pistes, de signes, de chants, d'odeurs.

Je ne veux plus voir les hommes fouler les sentiers, ordonner les campagnes, et leurs pensées me transpercer de leurs tensions absurdes.

Je suis ici ce soir malgré ma peur parce que la révolution doit respecter aussi la lumière de ma voix, vacillante lueur accrochée sous la voûte.

IAGO — L'ouverture d'esprit décidément se fera à la hache !
Je ne vous réjouirais pas le cœur de fêtes et de beauté, ni ici ni ailleurs.
Je vous laisserai choir dans vos travers préférés.
Je vous laisserai dans vos solidarités d'esclaves, se penchant avec compassion sur les victimes de vos Maîtres.
Je vous laisserai dans votre mentalité de vaincu, continuer d'éponger le sang des blessures.
Gardez dans votre cœur les yeux des enfants dévorés par les mouches, comme le cliché satisfaisant de votre utilité.
Je vous laisserai chanter vos complaintes de suppliciés, développer votre esthétique de perdant.
Aujourd'hui l'homme court après des droits, réclame sans fierté à ses Maîtres un semblant de respect.
Mais où est passé l'esprit des hordes primitives ?

CONCEPTION — Moi aussi je suis dans cette solitude habitée.
Pourtant je ne renonce pas à l'autre.
Je sais qu'au milieu des hommes je suis définitivement seule.
J'avance, invincible, et me perds en distractions.
Je ne crois plus aux bienfaits du langage.
Le mirage des rapports enfin idéaux ne se concrétisera pas parce que nous sommes dans le frottement des matières et la matière se transforme avec des râpes, des cuissons, des étirements, des coups de marteau.
Pour la révolution c'est cet outil de travail sans fin, à la limite du réel, médiateur entre le monde des idées et celui des réalités concrètes.
La trahison de la révolution est de lui assigner un idéal.
La fin demeure sans cesse en suspens.

MONSIEUR LOYAL — Vous ne vous fatiguez pas de ces discours ?

Des concepts enfoncés comme des coins dans l'arbre magnifique de vos pensées, de vos désirs qui auraient pu grandir en vous et dont les branches auraient écartelé vos bras ouverts et tendus dans l'extravagance des vies ?

Car c'est de ça aussi qu'il s'agit – de la fatigue, de l'usure, de l'épuisement de vivre à l'écoute des autres, d'être à leur continuel secours.

MARC — La révolution a haï le foisonnement des vies, la supposée liberté qui jaillissait de l'éclatement des valeurs.

La révolution avait peur du vide comme du plein.

Elle a forgé son idéal d'homme sain, sans comprendre la nécessité des périls et des déchaînements de passions.

Les contradictions sont trop déchirantes, inattendues et cumulées.

Le survol du monde trop saisissant pour un homme seul.

Cette sensation d'emprunter le regard de Dieu sur l'espèce est une vision trop brutale.

IAGO — Je plaide contre toute solution sociale, contre toute intelligence.

Trop d'imbéciles se sont gargarisés de ces mots.

Voilà enfin dévoilé le pan ombré du révolté.

Tout cela dit sans émotion, car mon caractère est d'être ni dans l'élan affectueux ni dans la haine.

CONCEPTION — La compassion m'est étrangère et la froideur me vient d'une langueur extrême.

Je donnerai mon affection aux bêtes comme une générosité sans retour.

Mon foyer est un repli de terre.

Je sais comme peut être forte la sensation de perdition.

Rien ni personne ne me détournera de cette impression, même si dans la révolution j'agis comme un automate – car ce rôle me convient par défaut, par esthétique et par provocation.

Je suis glacée, jalouse de l'existence, pensant qu'elle n'est jamais en moi.

MONSIEUR LOYAL — Comment une société peut à ce point vider des êtres de leur substance ?

Comment une société s'acharne à dénaturer l'homme, le laissant pantois aux portes d'un enfer intenable ?

Comment une société a pu vider de tout sens l'existence ?

Comment une société a pu écœurer les individus, atomes voués à se cogner indéfiniment pour se prouver leur existence ?

Mais voilà, dans cette oscillation profonde, dans cet éperdu gaspillage des énergies, se profile une force inquiétante : celle de l'âme trempée de l'acier le plus clair et le plus raisonnant.

MARC — Il fallait que le matériel nous corrompe jusqu'au bout, que toutes les erreurs soient commises, que tous les péchés soient expérimentés, que l'homme se couvre d'ignominie.

Je voudrais devenir un rat et propager la lèpre, je voudrais être la maladie même, et couvrir de mon manteau l'espèce gluante et venimeuse qui pullule.

ÉTOILE — Je voudrais préserver la terre.

Je voudrais que ce joyau soit respecté.

Je voudrais faire léviter les hommes pour qu'ils ne souillent plus le sol de leurs pieds puants.

Mais voilà, vous n'êtes pas venus pour entendre ces larmoiements de cigales.

Vous êtes venus pour retrouver la force qui gît inerte en vous, même si parfois un pincement de cœur, une petite émotion parviennent encore à secouer l'écorce de vos paupières.

Vous avez perdu l'intime feu qui dévorait votre adolescence.

Vous avez rangé dans le domaine de l'admiration les hauts faits des révoltés.

Vous vous bercez d'un ailleurs authentique, mythique et inatteignable, et pendant ce temps votre groin fouille dans le quotidien quelques mots de consolation pour justifier votre déchéance.

MONSIEUR LOYAL — Et comment, personne ne résiste à ça ?

ÉTOILE — La révolution est aussi le déballage des non-dits.
Vous êtes venus confortablement à l'épluchage de quelques vérités, à l'exposition au soleil de quelques tripes frémissantes.
Vous voulez voir du spectacle, entendre du bruit, déguster du mouvement, accélérer le temps, faire reculer l'ennui insupportable qui vous talonne de près, vous voulez de l'intelligence, de la beauté, de l'émotion, de l'esthétique, toute une batterie rassurante d'effets qui rejettent dans l'ombre l'amertume, le désarroi, la concupiscence et toute l'inertie qui ralentit la vie.
Vous êtes venus entendre de belles phrases, de celles qui vous rendent un peu plus intelligents, vous êtes venus vous rassurer, mais admettre aussi quelques tremblements en vous.
Moi je vous dirais quittez vos femmes, vos maris, vos enfants, vos villes, vos villages, les pensées qui vous encombrent, qui ne sont pas les vôtres, celles qu'on arrange tranquillement en vous, qu'on époussette, qu'on entretient, errez par les chemins, retrouvez le sens des rencontres, ou de la fuite, découvrez dans vos fibres cette crainte d'être déchiqueté par les dents du prédateur qui a pour vérité griffes, dents, puissance et cruauté.
Retrouvez le sens des climats, les distances sous vos pieds, et abandonnez les conditions frelatées qui sont prisons dorées, prisons tout court.

CONCEPTION — L'homme se réduit à ce dont il est gavé, une farce d'ignominie.

L'homme se façonne une image et pèse ainsi sur les mutations à venir.

De quelle évolution s'agit-il, ne faudra-t-il pas mettre dans un conservatoire quelques spécimens d'hommes libres, révoltés ou insoumis ?

JUAN — Je suis la Révolution Mondiale Immédiate à moi tout seul, tiraillé entre empathie et dégoût de l'espèce.

Installé sous l'arbre du monde, j'attends que les êtres tombent comme des fruits blets sur le sol, au milieu du vrombissement des guêpes.

Puis je t'ai rencontré, être merveilleux, poussé et poussant ton seul désir comme un rocher mythique.

Tu es trop forte, ta beauté trop extrême, chacun de tes gestes est un chavirement de mon être trop faible, et l'amour un acte sacré.

Comment je pourrais simplement tenir le coup, poussé dans la folie où l'être croit se reconnaître et s'affole, alors que la vie demande des contingences pour être finalement supportable ?

J'ai préféré fuir cet amour trop lumineux, pour retourner sur le versant obscur, dans la force noire qui m'oppresse, me désigne comme étranger.

J'ai préféré être terrassé que victorieux, car rien jamais ne m'a préparé à une quelconque victoire.

MARC — Il ne faudrait pas que le doute me reprenne.

Dans l'action j'agissais sans trouble.

J'avançais tel un bulldozer, et ma marche rapide et nerveuse parvenait à entraîner d'autres hommes dans mon sillage.

Ma vie avait un sens, marqué au fer rouge dans la palpitation de mes chairs.

Je savais ce qu'il fallait penser et comment agir.

Aujourd'hui, quel bilan je tire de ces années passées à vouloir tordre la réalité dans le sens où le souhaite ma volonté, quel sentiment d'absurdité total m'assaille et monte comme une fièvre en moi ?

Des camarades sont en prison pour cela, pour cette expérience sociale, pour cette inadaptation mentale, rien n'a changé, si ce n'est que leur vie est brisée.

Comment peut-on à ce point, tous les jours, vivre le délitement de son existence ?

JUAN — Tu es vivante et frétillante à des milliers de kilomètres de moi, les remous de ta vie me lèchent comme des vagues qui seraient à l'abandon de ta respiration.

Un jour nous nous retrouverons pour comparer nos vies d'attente.

Je t'ai rencontrée et cette rencontre me suffit.

Je sais que tu existes quelque part.

Pourquoi, de quel droit, de quelle facilité aurait-on fait de notre amour un précipité ordinaire ?

Je t'attendrai jusque dans ma vieillesse, persuadé qu'un jour tu apparaîtras au détour d'un chemin, là ou je ne t'attends pas.

CONCEPTION — Il ne nous reste plus pour finir qu'à nous tortiller dans notre nausée, en attendant des destructions plus graves et plus irréversibles.

Nous aussi, les révolutionnaires autoproclamés de l'urgence, sommes atteints par cette saignée de pouvoir.

IAGO — Nous ne ferons pas les sublimes devant vous.

Trop de révolutions ont dégénéré à l'usure des habitudes, des comportements, des facilités de la répétition du même.

À croire que de l'espoir brisé ne perle plus aucune sève téméraire.

Nous ne brandirons pas ce soir nos armes dérisoires ni nos idées fantasques.

Nous avons confondu l'élan poétique, la générosité, la révolution, la jeunesse, l'instinct de vie.

Nous avons bâti dans nos têtes des édifices magnifiques sans nous soucier des lois imposées de la gravitation qui maintiennent facilement l'esprit dans sa carapace.

Si j'écoutais attentivement le récit de nos vies, alors je retournerais presque de moi-même m'allonger dans le coma profond qui m'attend.

JUAN — Le grouillement pour moi est une angoisse trop violente, qui emplit mon cerveau et le tiraille en tous sens.

Toute pensée humaine qui se préoccupe de l'organisation de la vie, de l'ordonnancement des pensées, est issue de cette peur intense du chaos.

La révolution aussi a peur de cette multitude, de cet éclatement, et veut parler à une raison moyenne, choisie.

La révolution aussi veut endiguer ce tumulte, proposer son dénominateur commun, mathématique, et s'agripper à quelques valeurs décalées ou de rechange.

Moi ta vie m'effraye, tu es trop dans l'humain dans cette matière insupportable.

Moi j'ai besoin de laisser retomber les paroles, d'oublier le souvenir des gestes.

Moi je ne veux ressentir que l'oppressante nature, et n'accepte d'être blessé que par elle.

Je n'accepte plus l'humiliation de mes semblables, je n'accepte plus que leurs regards me dépècent.

Pour me réconcilier avec l'homme, il faudrait qu'il devienne rare, que des heures de marche me séparent de lui.

Qu'il ne soit pas dit que notre rencontre soit certaine.

Mon élan est brisé net, car c'est ça aussi dont il s'agit : de l'échec.

ÉTOILE — Mon corps d'oiseau est d'une légèreté surprenante, pour qui aura l'innocence un jour de vouloir seulement me soupeser.

Pensant que la lourdeur d'esprit enfonce ses serres au plus profond du ventre, et cherche à décentrer tout l'équilibre.

Pensant que le volume déplacé est signe de bonhomie.

Si je marche sur vos pattes, mon poids est un délice.

On rêve toujours de monstres apprivoisés, se faire accepter par les plus terribles serait la preuve d'une extrême délicatesse.

L'incapacité à s'intégrer ne demande aucune justification, aucune publicité, aucun signe visible, ou alors d'un sauvetage, à régler le plus minutieusement possible.

MONSIEUR LOYAL — Voilà un aperçu rapide de la piètrerie révolutionnaire loin des modèles éblouissants et convenus du révolté étincelant.

Je vous avais prévenus, la galerie est incomplète, et elle existe aussi par les manques et par la déception qu'elle procure.

Une variété infinie de modèles sont encore à l'étude.

À ce compte-là, la révolution finira en un cirque ambulant, exhibant quelques monstres, entre la femme à barbe, les sœurs siamoises et l'homme-tronc.

Elle trimballera le spectacle usé de la révolte et de ses tics, devant des spectateurs de plus en plus incrédules et fatigués.

La révolution exhume ses momies, travaille pour le futur, fabriquant ses chromos.

Mon plus précieux bocal, le plus terrifiant pour des regards d'enfants, est son corps disséqué aux chairs gorgées de formol, surnageant dans ce bain définitif pour toute sépulture.

Pour l'exemple, pour l'élan, pour le souffle, je ferai résonner le cliquetis des armes, claquer les drapeaux noirs et rouges.

Je ferai déferler cette cavalerie sanguinaire, cette horde de Titans. Alors le vent, la poussière, les toux rauques, l'éclair des sabres, le sifflement des flèches, le piétinement des chevaux et l'odeur du sang gâté se mêleront dans l'effroi et la joie partagée, dans le surpassement où l'alternative réside entre la vie éphémère gratuite et fragile, et la mort plantée solidement sur ses deux jambes.

Le drapeau se referme. Lucien réapparaît un couteau ensanglanté à la main.

Lucien — Moi je ne donnerai pas cher de votre peau.

Après la terreur du dragon, le gonflement de ses veines, le crachat de son feu, j'ai découvert la confusion des esprits.

L'ordre du monde craquette comme une croûte desséchée sur le chaos qu'il engendre.

Que l'homme sursaute dans son désarroi passager, qu'il tire violemment sur ses laisses.

Non, je n'ai pas honte de ma condition humaine.

Perdu sur la planète, j'avancerai vers la mort le couteau à la main.

Surtout que personne ne me regarde plus de travers, même si après la mort de Dieu c'est à moi qu'il est échu d'annoncer la mort de la révolution, moi l'assassin de l'utopie, moi le boucher encore chaud du sang du dragon que je viens de saigner, moi qui suis prêt à l'écailler comme un vulgaire poisson avant d'en frire une aile.

J'annonce par là même, en préambule prémonitoire ici même, ce soir et sans le moindre tremblement, la mort de l'homme.

Un jour aussi, moi comme un autre, je deviendrai prophète !

Il entame L'Appel du Komintern, *seul devant la scène.*

Derrière le drapeau l'ensemble des participants reprennent L'Appel du Komintern.

Ouverture du drapeau.

Claquement des drapeaux, cavalcade des hordes mongoles, aiguisement des couteaux, lancé de tracts, distribution de pétards.

Départ en manifestation à travers les rues de la ville, appel à la révolution.

FIN

BIOGRAPHIE DE L'AUTEUR

Patrick Aujard, Léon Voitur, septembre 1949 et plus encore.

Mai 1968. L'occupation des universités, les manifestations de rue semblent être l'état normal et quotidien de la jeunesse rebelle face au monde injuste des adultes. L'arrêt de la révolution en germe pour cause de vacances assassine notre joie et plus aucun printemps chaud n'animera nos cœurs. Les années soixante-dix s'ouvraient alors sur une boulimie culturelle : films, concerts, provocations animées par les fils de bourgeois en mal d'agitation.

Assistant monteur à la télé, l'engagement politique devint nécessité. Le PCMLF, parti clandestin marxiste léniniste orthodoxe prolétarien, honni par tous, devint mon parti. Drapeaux rouges, meetings, manifestations, éducation des masses, élaboration de la ligne politique occultaient toute autre préoccupation, et quand les « établis » revenaient des usines où ils avaient tenté d'éveiller le prolétariat, je partais à mon tour.

OS dans une usine de la vallée du Rhône : grève, syndicat. Après des démêlés avec la CGT, la CFDT, le PCF, le PS et le patronat, je suis licencié dans les années quatre-vingt et le PCMLF disparaît presque sans laisser de trace.

Orphelin politique, retour à la télé comme monteur au cœur même de l'appareil idéologique d'État, et soutien aux camarades italiens victimes des années de plomb, aux irlandais. Radio Mouvance, x tentatives de reconstitution de mouvement, mais l'amertume et l'échec sont notre pain quotidien, le grand reflux s'installe et n'en finit plus. Rapprochement avec les milieux libertaires, il faut rechercher la pureté révolutionnaire, l'intention première. Pourtant la vérité existe bien quelque part, mouvante et palpitante, et l'être cherche sans cesse le sens de son existence.

Révolution Mondiale Immédiate est cette tentative d'une voix qui s'élève et doute, proclame l'urgence et cherche où se cachent l'erreur et la déviance au cœur de l'homme.

« Aujourd'hui j'appelle à la révolution intérieure, celle du nettoyage de l'esprit de tous les tyrans cachés qui l'emcombrent : jugements, dogmes, vérités, certitudes que l'on croit être siens et qui constituent les mirages de la pensée ; tapisser son âme de l'univers infini pour atteindre la quiétude éternelle... »

Révolution Mondiale Immédiate (Paris 1994) de Léon Voitur a été lu pour la première fois le 28 janvier 1996 à la Cité internationale des arts à Paris, dans une direction de Dominique Dolmieu, dramaturgie Jana Pavlič, musique Maurice Chesneau, avec Marc Amyot, Bruno Fleurence, Olivier Maltinti, Véronique Marco et Isabelle Soyeux.

Sous l'écaille du dragon : le meeting idéal (Die 1996) de Léon Voitur a été créé pour la première fois le 8 novembre 1996 à la Cité internationale des arts à Paris, dans une mise en scène de Dominique Dolmieu, assistante Véronique Neindre, scénographie Yamina Salémy assistée de Claudia Leduc, chorégraphie Tara, marionnettes Kamel Zaroui, son Olivier Darras, lumière Jean-Claude Espardeilla, avec Karine Di Moro, Jean-Louis Farinacci, Bruno Fleurence, Nigel Hollidge, Lydie Lacroix-Beaumont, Olivier Maltinti et Christophe Ribet.

Éditions l'Espace d'un instant
Maison d'Europe et d'Orient

Président Guillaume Morel ;
direction Céline Barcq ; conseil artistique Dominique Dolmieu ;
administration Anne Mariétan ; documentation Elena Kobrynets ;
logistique Federico Uguccioni ; comptabilité Noëlle Michaud ;
maquettes Valérie Rebiscoul et Aurélie Miller ;
correction Hélène Meurice

3 passage Hennel
75012 Paris - France
Tél + 33 (0) 1 40 24 00 55
Fax + 33 (0) 1 40 24 00 59
Mèl contact@sildav.org
Site www.sildav.org

La Maison d'Europe et d'Orient est principalement financée par
l'Agence nationale pour la Cohésion sociale
et l'Égalité des chances (ACSÉ),
le Ministère de la Culture et de la Communication
(DAEI et DRAC Île-de-France),
la Région Île-de-France
et la Ville de Paris (DAC, DPVI et Mairie du 12e).

La Maison d'Europe et d'Orient est membre du Syndicat national
des arts vivants (SYNAVI), et du réseau Actes-if.

Avec nos remerciements à Nathalie Pivain et Salomé Richez.

À PARAÎTRE

Une indépendance en croisée des chemins (Paris 2007), ouvrage collectif coordonné par Philippe Henry, en partenariat avec le SYNAVI.

Sniper Avenue, Quatorze minutes de danse et *Le Temps qu'il fera demain* (Limoges-Paris 2003-2005), de Sonia Ristić.

FUCK YOU, Eu.ro.Pa ! et *Sans sucre* (Stuttgart 2003-2005), de Nicoleta Esinencu, traduit du roumain par Mirella Patureau.

Le Baril de poudre, Balkans' not dead et *L'Autre côté* (Skopje 1993-2005), de Dejan Dukovski, traduit du macédonien par Frosa Bouchereau, Jeanne Delcroix-Angelovski et Harita Wybrands.

DERNIÈRES PARUTIONS

Génération jeans, de Nikolaï Khalezine, *Nous. Bellywood,* de Pavel Priajko, Pavel Rassolko et Constantin Stechik, *Elles en ont rêvé...,* de Natalia Kaliada (Minsk 2005-2006), traduit du biélorussien, du russe et de la trasianka par Maria Chichtchenkova, Alexis Vadrot et Iouri Vavokhine sous la coordination de Virginie Symaniec (2007).

Puisse Dieu poser sur nous son regard – Rails, Le Vaste Monde blanc et *Un bateau pour les poupées* (Belgrade 2000-2004), de Milena Marković, traduit du serbe par Mireille Robin (2006).

Voyage en Unmikistan (Prishtina 2003), par un collectif d'auteurs kosovars dirigé par Daniel Lemahieu, version bilingue albanais-français, traduit par Irena Rambi (2004).

Balkanisation générale (Paris 2002), texte des rencontres, version bilingue anglais-français, traduit par Robert Elsie (2004).

Orchestre Titanic (Sofia 1999-2002), de Hristo Boytchev, traduit du bulgare par Iana-Maria Dontcheva (2006).

Le Septième Kafana (Chişinău 2001), de Dumitru Crudu, Nicoleta Esinencu et Mihai Fusu, traduit du roumain par Danny Aude Rossel (2004).

Courts-circuits (Trieste 2001), Chronique des Petits / Petits en Europe orientale, de Patrick Marega Castellan (2007).

Petits / Petits en Europe orientale (Tbilissi-Paris 1999-2001), sous la direction de Céline Barcq et Dominique Dolmieu (textes des spectacles, en coédition avec Gare au Théâtre) (2007).

Popùliphonia (Bagnolet 2001), de Régis Hebette (2006).

Si c'était un spectacle..., Le Diable des Balkans et *Le Cirque Inferno* (Sarajevo 1997-2001), d'Almir Imširević, traduit du bosniaque par Mireille Robin (2004).

Compte à rebours (Bucarest 2000), de Saviana Stănescu, traduit du roumain par Mirella Patureau (2002).

Kosovo mon amour (Cologne 1999), de Jovan Nikolić et Ruždija Russo Sejdović, version bilingue rromani-français, traduit par Marcel Courthiades (2004).

Hôtel Europa (Canterbury 1999), de Goran Stefanovski, version bilingue anglais-français, traduit par Séverine Magois (2005).

La Parade, La Victoire et *Le Ciel rouge* (Athènes 1965-1998), de Loùla Anagnostàki, traduit du grec par Nikoforos Papandréou et Michel Volkovitch (2006).

Quel est l'enfoiré qui a commencé le premier ? (Skopje 1997), de Dejan Dukovski, traduit du macédonien par Harita Wybrands (2004).

Les Arnaqueurs (Tirana 1996), d'Ilirjan Bezhani, traduit de l'albanais par Christiane Montécot (2003).

Divče ou Au matin, tout aura changé (Podgorica 1994), d'Igor Bojović, traduit du serbe par Mireille Robin (2004).

La Dépouille du serpent (Zagreb 1994), de Slobodan Šnajder, traduit du croate par Mireille Robin (2002).

Les Loups (Grozny 1993), de Moussa Akhmadov, traduit du tchétchène par Aboubakar Abaïev et Camille Sirota (2002).

La Roue de sainte Catherine (Sarajevo 1991), de Dževad Karahasan, traduit du bosniaque par Mireille Robin (2005).

Cette chose-là et *L'Homme souterrain* (Polski Trumbesh-Sofia 1981-1987), de Hristo Boytchev, traduit du bulgare par Iana-Maria Dontcheva (2005).

La Grande Valse brillante (Ljubljana 1985), de Drago Jančar, traduit du slovène par Andrée Lück-Gaye et Zdenka Štimac (2007).

Au seuil de la désolation (Prishtina 1985), de Teki Dervishi, traduit de l'albanais par Arben Bajraktaraj et Anne-Marie Autissier (2005).

Le Spectateur condamné à mort (Bucarest 1984), de Matéi Visniec, traduit du roumain par Claire Jéquier et Matéi Visniec (2005).

La Voix de son maître, Everest my lord et *Voilà la tête… voilà le tronc… voilà les ailes…* (Istanbul 1965-1983), de Sevim Burak, traduit du turc par Timour Muhidine et Marie-Christine Varol (2006).

Le Faust croate (Zagreb 1982), de Slobodan Šnajder, traduit du croate par Mireille Robin (2005).

Ulyssindbad (Athènes 1981), de Xènia Kaloyeropoùlou, traduit du grec par Michel Volkovitch (2004).

Érigon (Paris 1980), de Jordan Plevneš, traduit du macédonien par l'auteur (2002).

Le Trou du péché (Athènes 1979), de Yòrgos Maniòtis, traduit du grec par Michel Volkovitch (2004).

Mais, maman, ils nous racontent au deuxième acte ce qui s'est passé au premier (Bucarest 1979), de Matéi Visniec, traduit du roumain par l'auteur (2004).

La Libération de Skopje (Ljubljana 1977), de Dušan Jovanović, traduit du slovène par Mireille Robin (2003).

Fièvre (Prishtina 1975), d'Anton Pashku, traduit de l'albanais par Eqrem Basha et Christiane Montécot (2003).

Les Taches sombres (Durrës 1968), de Minush Jero, traduit de l'albanais par Christiane Montécot (2002).

Ceci est un rêve, Ferhad et Şirin et *Ivan Ivanovitch a-t-il existé?* (Istanbul-Moscou 1934-1955), de Nâzım Hikmet, traduit du turc et du russe par Noémi Cingöz et Nicole Maupaix (2005).

Leyli et Medjnun, suivi de *Köroghlu* (Bakou 1908 et 1937), d'Uzeir Hadjibeyov, traduit de l'azéri par Shirin Melikoff (2003).

Les Gens d'ici (Akopy 1922), de Ianka Koupala, traduit du biélorussien par Larissa Guillemet et Virginie Symaniec (2006).

L'Enchaîné (Lausanne 1918), de Levon Shant, traduit de l'arménien par Anaïd Donabédian et Alice Artignan (2003).

Achevé d'imprimer en mai 2007
sur les presses de la Nouvelle Imprimerie Laballery
58500 Clamecy
Dépôt légal : mai 2007
Numéro d'impression : 705027

Imprimé en France